Guide des poissons d'eau douce du Québec

et leur distribution dans l'Est du Canada

D1027332

Guide des poissons d'eau douce du Québec

et leur distribution dans l'Est du Canada

Louis Bernatchez et Marie Giroux

ÉDITIONS
BROQUET INC
C.P. 310, LA PRAIRIE, Qc, J5R 3Y3, 514-659-4819

Données de catalogage avant publication (Canada)

Bernatchez, Louis, 1960-
  Guide des poissons d'eau douce du Québec
  Comprend des références bibliographiques et un index.
  ISBN 2-89000-293-4
  1. Poissons d'eau douce - Québec (Province) - Identification. I. Titre.
QL626. 5.Q8B47 1991   597'.09714   C91-096315-0

Textes et recherche :
Louis Bernatchez

Dessins et composition :
Marie Giroux

Provenance des photographies :
Mickael D. Paine : 260
William L. Pflieger : 2 et 81
Charles Purkett : 245
Charles F. Thoits III : 186 et 242
Marie Giroux : 76, 99, 101, 102, 130, 159, 209, 253 et 268
Antoine Broquet : couverture
Louis Bernatchez : les autres photos

Montage et mise en page :
Antoine Broquet

Copyright © 1991
Éditions Broquet Inc.
Dépôt légal — Bibliothèque nationale du Québec
2e trimestre 1991

ISBN 2-89000-293-4

TABLE DES MATIÈRES

REMERCIEMENTS

Nous adressons nos plus sincères remerciements au personnel du Ministère du Loisir, de la Chasse et de la Pêche, qui a grandement facilité la réalisation de cet ouvrage. Plus particulièrement, nous remercions Messieurs Pierre Paulhus, Jean-Claude Guillemette, Rolland Laferrière et Luc Roy de l'Aquarium du Québec qui nous ont fourni de nombreux spécimens pour fins photographiques. Nous exprimons également notre gratitude envers Messieurs Pierre Dumont, Claude Grondin, Jean Leclerc et Gilles Ouellette pour leur support logistique sans lequel de nombreuses espèces n'auraient pu être capturées. Merci également à Messieurs Jacques Bergeron, Raymond Bossé, au docteur Jean-René Mongeau, Yves Mailhot et Pierre Henrichon qui nous ont fourni de précieuses informations quant à la distribution et la localisation de plusieurs espèces.

Nos remerciements vont aussi au Dr William L. Pflieger et à M. Charles Purkett, Missouri Department of Conservation, à M. Charles F. Thoits III, State of New Hampshire Fish and Game Department et à M. Mickael D. Paine qui nous ont aimablement autorisés à publier certaines de leurs photographies.

Neil Billington, Gerald Fitzgerald, Mary Murdock et Émilien Cyrenne nous ont aimablement fourni certains spécimens.

Finalement, un gros merci à Messieurs Jean-Marc Giroux, Pierre Blier, Jacques Brodeur, Marcel Giroux et Christian Bilodeau pour leur efforts déployés lors de la capture de plusieurs espèces.

AVANT-PROPOS

Le Québec est le pays au million de lacs et au million de pêcheurs. La pêche sportive a toujours été chez nous au premier rang parmi les activités de loisir, en hiver comme en été. Des activités de pêche comme celle aux «petits poissons des chenaux» font partie intégrante de notre patrimoine. Plusieurs espèces de poissons, comme l'Anguille, les Esturgeons et la Perchaude supportent également une pêche commerciale importante en eau douce. D'autres, comme le Corégone et l'Omble chevalier constituent la base alimentaire des communautés autochtones nordiques. Malgré ces faits, force est de constater que la littérature traitant spécifiquement de nos poissons d'eau douce est à peu près inexistante en librairie. En fait, aucun ouvrage vulgarisé couvrant l'ensemble de notre faune ichtyologique n'a été publié depuis le classique «Les poissons de nos eaux» du regretté Claude Mélançon publié pour la première fois en 1946 et dont la plus récente édition date maintenant de plus de quinze ans. L'ichtyologie étant une science dynamique et notre environnement en perpétuel changement, de nouvelles connaissances se sont ajoutées depuis lors relativement à la nomenclature, la biologie et la distribution de nos espèces de poissons d'eau douce. La parution d'un nouvel ouvrage sur le sujet était donc facilement justifiable.

Ce livre traite de la totalité des espèces de poissons qui fréquentent les eaux douces québécoises à un moment ou l'autre de leur cycle vital. Comme la totalité (sauf 4 espèces) des espèces retrouvées dans les provinces maritimes (Nouveau-Brunswick, Nouvelle-Écosse, île-du-Prince-Édouard et Terre-Neuve) et environ les trois quarts des espèces que l'on trouve en Ontario fréquentent également nos eaux, ce guide peut servir de référence utile non seulement sur la faune aquatique du Québec, mais aussi pour celle de l'Est du Canada.

Nous avons voulu réaliser un livre qui puisse intéresser et divertir autant les pêcheurs sportifs que les scientifiques et les naturalistes. Mais avant tout, à l'heure où la qualité de nos cours d'eau continue à se détériorer, où le Bar rayé en a été extirpé, où l'Éperlan arc-en-ciel voit ses frayères détruites par la pollution agricole, où des espèces, comme le Suceur cuivré qu'on ne trouve nulle part ailleurs dans le monde, menacent de disparaître, nous avons voulu sensibiliser le grand public, à l'aide d'une collection photographique réalisée par les auteurs au cours des cinq dernières années, à la grande diversité, à la beauté et à la fragilité des habitants de nos eaux.

INTRODUCTION

Cent onze espèces reconnues de poissons fréquentent les eaux douces du Québec à un moment ou à un autre de leur cycle vital. La majorité de ces espèces vivent en permanence dans les eaux douces du Québec, d'autres s'y retrouvent seulement en période de reproduction, certaines, surtout marines ou d'eau saumâtre, y font des incursions plus ou moins fréquentes, et d'autres encore, c'est le cas unique de l'Anguille, y passent presque leur vie entière mais retournent à la mer pour se reproduire. Ces espèces appartiennent à 24 familles de poissons différentes. Le présent ouvrage traite de la totalité des cent onze espèces et les présente regroupées selon leur famille d'appartenance en respectant l'ordre et les nomenclatures latine, française et anglaise préconisés dans «La liste des Vertébrés du Québec».

Organisation de l'ouvrage

Le texte a été conçu en utilisant un style et un vocabulaire simples et accessibles à tout lecteur. Cependant, on y retrouve parfois des termes techniques dont la définition est donnée dans le glossaire à la fin de l'ouvrage.

Les espèces traitées sont présentées en 24 familles. Un texte général d'introduction sur chacune des familles précède la description des espèces. Ce texte décrit les traits généraux et caractéristiques de la famille et informe également sur sa biologie, sa distribution mondiale, sur le nombre d'espèces totales qui la composent et sur son importance. L'introduction générale de chaque famille est ensuite suivie de la liste des espèces y appartenant et que l'on retrouve dans nos eaux.

Pour chacune des espèces décrites, on retrouve le nom commun français, suivi dans certains cas d'autres noms populaires utilisés pour désigner la même espèce, puis du nom scientifique et enfin du nom commun anglais.

Le texte, de format standard pour toutes les espèces, est composé de quatre rubriques. Une rubrique «Identification» fournit des informations générales sur la forme du corps, la taille de même qu'une description de la coloration. On retrouve également sous cette rubrique une description de certains traits externes caractéristiques à l'espèce et facilement observables sur le terrain. La rubrique «Habitat» consiste en une brève description du type de milieu où l'espèce est le plus susceptible d'être observée. Des informations sur la saison et le mode de reproduction de même que sur le type de frayères utilisées par l'espèce sont fournies sous la rubrique «Biologie». On y retrouve également des notes sur le mode d'alimentation, et, selon les espèces, des informations sur la croissance, la longévité et les principaux prédateurs. La rubrique «Commentaires» regroupe des informations pertinentes à l'espèce ayant trait selon le cas à son abondance, son importance pour la pêche sportive et commerciale ou encore comme poisson-appât ou de fourrage. Des notes sur l'influence potentielle de la pollution et de la détérioration du milieu sur l'abondance de l'espèce et la qualité de sa chair s'ajoutent dans certains cas. Finalement, les records de pêche à la ligne et de taille maximale sont mentionnés pour la plupart des espèces sportives.

Photographies

Pour chaque espèce décrite, une photographie accompagne le texte descriptif. Par souci de conserver leur apparence et leur coloration naturelles, la grande majorité des espèces ont été photographiées vivantes, peu après leur capture, soient en aquarium ou, pour les grandes espèces, anesthésiées temporairement et étalées hors de l'eau. Pour de nombreuses espèces, la photographie suffit amplement à l'identification. Dans tous les cas, le lecteur pourra compléter l'identification en se reportant au texte et à la carte de distribution.

Cartes de distribution

Chaque description d'espèce est accompagnée d'une carte de distribution. Celle-ci illustre la répartition géographique de l'espèce non seulement au Québec mais également dans les autres provinces de l'Est du Canada, c'est-à-dire l'Ontario, le Nouveau Brunswick, la Nouvelle-Écosse, l'île-du-Prince-Édouard et Terre-Neuve. Ces cartes ont été réalisées en synthétisant les aires de distribution présentées dans Scott et Crossman (1974), Bergeron et Brousseau (1983), Lee et al. (1980) avec des informations additionnelles publiées par quelques autres auteurs. Ces cartes ne peuvent être considérées comme complètes puisque, encore de nos jours, de très nombreux plans d'eau, notamment dans les régions nordiques, n'ont pas été inventoriés. De plus, plusieurs plans d'eau n'ont pas été réinventoriés depuis de très nombreuses années. Il est donc possible que l'aire de distribution de certaines espèces soit substantiellement modifiée, par exemple, à la suite de la détérioration de l'habitat. Les cartes procureront néanmoins au lecteur des indications fiables sur les limites potentielles de distribution connues à ce jour pour la majorité des espèces. L'utilisation de ces cartes pourra grandement faciliter l'identification d'espèces qui se ressemblent, mais qui occupent d'autres aires de distribution .

Clé d'identification

Afin d'aider les premiers pas de l'amateur vers l'identification d'un poisson qui lui est étranger, les auteurs proposent l'utilisation d'une clé artificielle. Une clé artificielle implique que l'ordre dans lequel les poissons apparaissent est entièrement soumis au bon vouloir des auteurs, selon les caractéristiques qu'ils jugent bon de mettre en relief pour faciliter la classification. Par cette clé, les auteurs ne prétendent d'aucune façon résoudre en un clin d'oeil tous les problèmes d'identification. La clé est un guide permettant à l'utilisateur d'isoler d'abord son poisson à l'intérieur d'un groupe possédant une ou plusieurs caractéristiques semblables et ensuite, à partir de caractéristiques plus précises, d'identifier son espèce ou sa famille. L'identification à l'espèce se complète à l'aide des photographies.

Utilisation de la clé

Quatorze grands groupes principaux rassemblent des poissons ayant une forme presque semblable ou encore possédant des traits distinctifs communs. Ces groupes composent la première colonne. Il est très important de prendre note que, de haut en bas, les caractéristiques deviennent de plus en plus générales, et qu'il n'est donc pas exclu qu'un poisson classé dans un groupe supérieur possède des caractéristiques des groupes inférieurs. Pour cette raison, il est nécessaire de lire la première colonne à partir du haut, toujours, et d'interrompre la recherche dès que le poisson est classé.

Une fois que le grand groupe a été identifié, il est possible que la famille, ou même l'espèce, soit déjà identifiée. Sinon, on doit se référer aux différentes options citées à l'intérieur du groupe. Encore une fois, il est très important de bien suivre l'ordre, de haut en bas, jusqu'à ce qu'on ait retracé les caractéristiques appropriées. Le chiffre à côté du nom fait toujours référence à la page de la description de la famille. Les noms en caractère gras indiquent que l'identification s'est rendue jusqu'à l'espèce.

À titre d'exemple, tentons d'ignorer le nom du poisson de la page 221 afin de l'identifier à partir de la clé. Ce poisson n'est pas anguilliforme (en forme d'anguille), il n'a pas 3 nageoires sur le dos ni de petites épines, son museau n'est pas pointu et ne porte pas de barbillons, son museau n'est ni effilé ni en bec de canard, ce poisson ne possède pas non plus de longs barbillons ni de nageoire adipeuse, sa bouche n'est pas en suçoir, mais il a bien *2 nageoires dorsales*. Maintenant, identifions ses caractéristiques propres à l'intérieur de ce groupe. Il n'a pas de grosses barres verticales foncées, il n'est ni petit, ni transparent et n'a pas la queue fourchue, son museau est quelque peu rond mais sa queue est plutôt droite (de toute façon, le dessin ne correspond pas), il n'est pas élancé et sa bouche n'est pas petite, mais *sa tête est bien aplatie et ses nageoires pectorales sont grosses.* Ce poisson est donc un chabot, de la famille des Cottidés. Il peut survenir quelques hésitations, quelques incertitudes: le museau est-il rond, la tête aplatie? Les dessins viennent alors appuyer ou détruire notre choix. Les photographies ainsi que la lecture de la rubrique «Identification» complètent notre recherche.

Le dernier groupe, *queue fourchue,* englobe toutes les espèces de la famille des Cyprinidés. Ces poissons, du moins la plupart d'entre eux, se ressemblent à un point tel que leur identification devient souvent un casse-tête, même pour l'amateur le plus chevronné. Une clé beaucoup plus élaborée est nécessaire à leur identification. Toutefois, à l'aide des photographies, des descriptions, d'un bon esprit d'observation et de beaucoup de persévérance, on peut venir à identifier la plupart des poissons de ce groupe. Une attention particulière à la position de la nageoire dorsale par rapport aux nageoires pelviennes, à la forme ou l'allure des écailles, à la position de la bouche, à une certaine tache, et un bon bout de chemin est fait. Bonne chance!

CROQUIS DES CARACTÈRES ANATOMIQUES

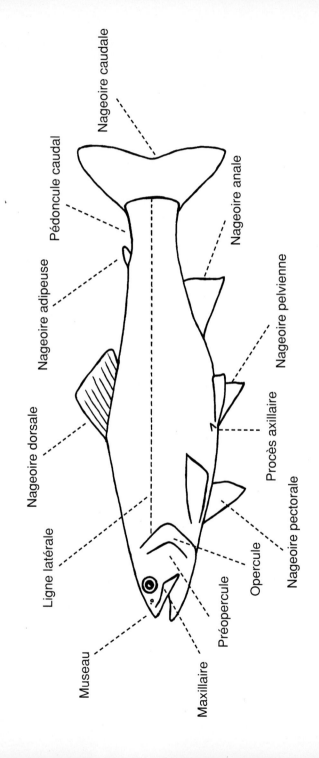

Nageoire caudale

Pédoncule caudal

Nageoire anale

Nageoire adipeuse

Nageoire pelvienne

Nageoire dorsale

Procès axillaire

Ligne latérale

Nageoire pectorale

Opercule

Préopercule

Maxillaire

Museau

CROQUIS DES CARACTÈRES ANATOMIQUES (SUITE)

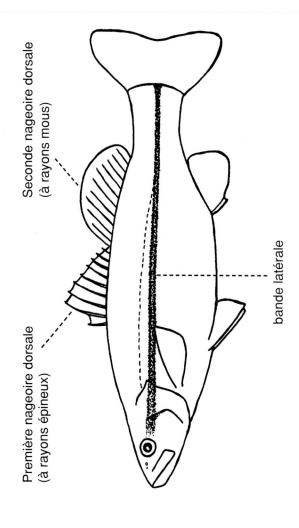

Seconde nageoire dorsale
(à rayons mous)

Première nageoire dorsale
(à rayons épineux)

bande latérale

CLÉ D'IDENTIFICATION

Anguilliforme

- *bouche en ventouse* — Lamproies 1
- *1 barbillon au menton* — **Lotte** 191
- *nageoires continues* — **Anguille d'Amérique** 24

3 nageoires dorsales — **Poulamon atlantique** 191

Petites épines sur le dos — Épinoches 206

Esturgeons 11

Museau pointu et barbillons

Lépisosté osseux 21

Museau effilé

Brochets 78

Museau en bec de canard

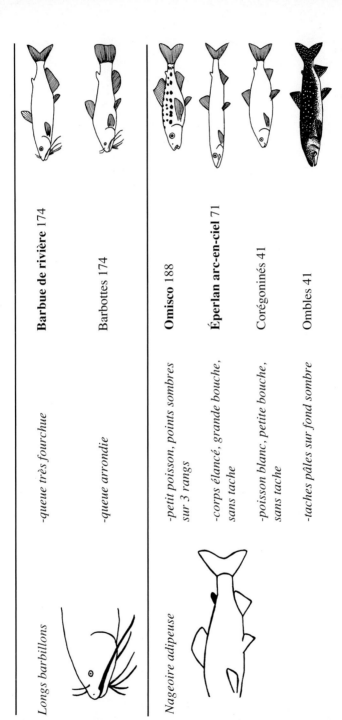

Longs barbillons

Barbue de rivière 174 — -queue très fourchue

Barbottes 174 — -queue arrondie

Nageoire adipeuse

Omisco 188 — -petit poisson, points sombres sur 3 rangs

Éperlan arc-en-ciel 71 — -corps élancé, grande bouche, sans tache

Corégoninés 41 — -poisson blanc, petite bouche, sans tache

Ombles 41 — -taches pâles sur fond sombre

Truites et Saumons 41 — -taches sombres sur fond pâle

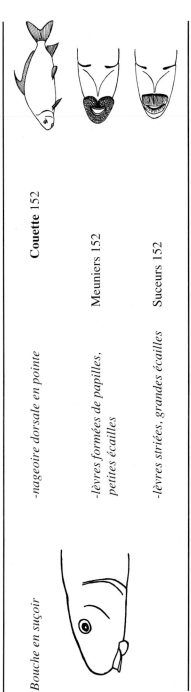

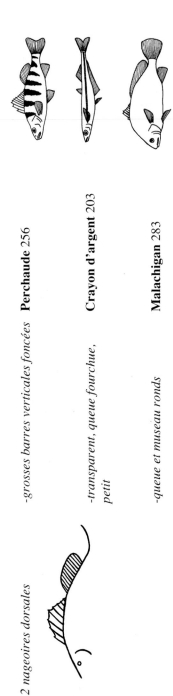

- nageoire dorsale en pointe **Couette** 152

- lèvres formées de papilles, petites écailles Meuniers 152

- lèvres striées, grandes écailles Suceurs 152

Bouche en suçoir

- grosses barres verticales foncées **Perchaude** 256

- transparent, queue fourchue, petit **Crayon d'argent** 203

- queue et museau ronds **Malachigan** 283

2 nageoires dorsales

2 nageoires dorsales (suite)

Dards 256

-petit, élancé, petite bouche

Chabots 218

-grosses nageoires pectorales, tête aplatie

Dorés 256

-grande bouche munie de dents, élancé

Achigans 236

-2 nageoires dorsales reliées

Bars 227

-argenté, nageoires dorsales séparées

1 nageoire dorsale munie d'épines

Crapets 236

Argenté et très aplati

- *nageoire dorsale en pointe*

Alose à gésier 33

- *ventre en dents de scie*

Aloses 33

- *ligne latérale fortement courbée vers le bas*

Méné jaune 91

- *nageoire dorsale au-dessus de nageoire anale*

Laquaiches 28

Queue droite ou arrondie

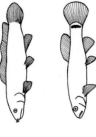

Poisson-castor 18

- nageoire dorsale longue, narines en tubes

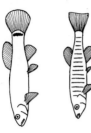

Umbre de vase 75

- foncé, barre noire à la base de la queue

Cyprinodontidés 198

- pâle, nombreuses barres verticales

Queue fourchue

Cyprinidés 91

Guide des poissons d'eau douce du Québec

et leur distribution dans l'Est du Canada

Les Lamproies
- Famille des Pétromyzontidés

Les Lamproies forment le groupe d'animaux vertébrés le moins évolué que l'on connaisse. Elles ont une structure et un développement si primitifs que plusieurs zoologistes refusent de les considérer comme de «vrais poissons». Contrairement à tout autre poisson, les Lamproies n'ont pas de mâchoires et leur squelette est composé non pas d'os mais de cartilage. Elles n'ont pas d'écailles et de nageoires paires et leur seule nageoire est peu développée. Elles possèdent une bouche ronde en forme de ventouse, un entonnoir buccal, armée de pointes cornées plus ou moins acérées et 7 paires de branchies en forme de poche qui s'ouvrent à l'extérieur par des ouvertures séparées. Les Lamproies vivent de 2 à 8 ans, incluant une période de développement de 1 à 7 ans au cours de laquelle la forme larvaire, nommée Ammocète, vit enfouie et se nourrit par filtration. C'est au cours d'une métamorphose suivant ce stade que se développe la ventouse armée qui permettra à l'adulte des formes parasites de se fixer sur d'autres poissons pour se nourrir de leur chair et de leur sang. Certaines espèces de lamproies ne sont pas parasites. Les lamproies adultes ne vivent jamais plus de 2 ans. Il existe 40 espèces de lamproies dans le monde qui sont distribuées surtout dans l'hémisphère nord.

Espèces présentes au Québec : 4

Lamproie du Nord
Lamproie argentée
Lamproie de l'Est
Lamproie marine

Lamproies

Lamproie du Nord

Ichthyomyson fossor
Northern brook Lamprey

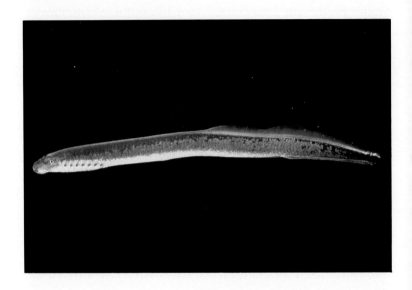

Identification Cette petite Lamproie à corps cylindrique, ne dépasse habituellement pas 15 cm. L'ouverture de sa bouche est toujours plus étroite que la largeur de son corps au niveau des ouvertures branchiales et les dents de l'entonnoir buccal sont peu développées. La nageoire dorsale continue la distingue de la Lamproie de l'est. La coloration de l'adulte varie du gris foncé au brun sur le dos et les flancs, et du gris au blanc argenté sur les parties inférieures.

Habitat Petits cours d'eau rapides à fond graveleux ou sablonneux.

Biologie La reproduction a lieu de mai à juin, lorsque la température atteint 13 à 16°C. Elle fraie généralement dans les petites rivières sur les fonds de gros gravier. Une femel-

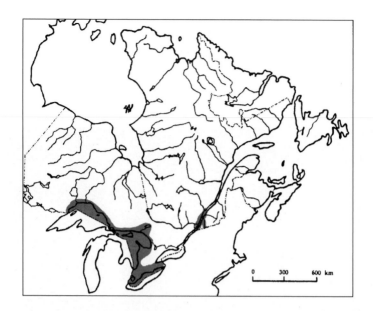

le pond en moyenne 1 200 oeufs. Tous les adultes meurent après la reproduction. La larve Ammocète passe 4 à 5 ans enfouie et se nourrit de plancton animal et végétal. Les adultes ne se nourrissent jamais et leur intestin n'est pas fonctionnel.

Commentaires N'étant pas parasite, cette lamproie ne cause pas de dommages aux autres poissons. Elle peut être utilisée comme appât pour la pêche sportive.

Lamproie argentée

Ichthyomyson unicuspis
Silver Lamprey

Identification   C'est une lamproie au corps sensiblement moins cylindrique que celui des autres espèces. L'adulte moyen mesure environ 30 cm. La ventouse buccale nettement plus large que le corps et armée de dents acérées la distingue des Lamproies du Nord et de l'Est. La nageoire dorsale est unique, avec une échancrure peu profonde. Malgré son nom, la Lamproie argentée est souvent brune ou bleutée sur le dos et pâle sur le ventre.

Habitat   Grandes rivières et lacs.

Biologie   Au Québec, il est connu que la Lamproie argentée fraie dans la rivière Saint-François, en mai et juin. Les adultes effectuent des migrations dans les grandes rivières et construisent des nids dans le gravier. Tous les adultes

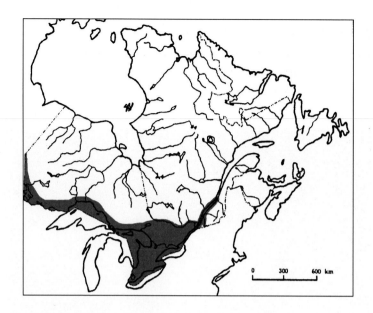

meurent après la reproduction. Les femelles pondent en moyenne 10 000 à 11 000 oeufs. Les larves Ammocètes vivent enfouies 4 à 7 ans puis se transforment en adultes qui parasitent et sucent le sang de plusieurs espèces de poissons telles que Touladi, Corégone, Brochets, Meuniers, Suceurs et même Esturgeon et Lépisosté. La reproduction a lieu 1 ou 2 ans après la métamorphose.

Commentaires   Quoique parasite, les torts causés aux autres espèces de poissons par la Lamproie argentée semblent beaucoup moins importants que ceux causés par la Lamproie marine.

Lamproie de l'Est

Lampetra appendix
American brook Lamprey

Identification   C'est une petite lamproie au corps cylindrique et allongé qui mesure 15 à 20 cm à l'état adulte. Elle se distingue des Lamproies marine et argentée par sa taille et sa bouche plus petites et ses dents beaucoup moins développées qui sont disposées en groupes plutôt qu'en rangées. L'adulte possède 2 nageoires dorsales séparées par une échancrure qui la distingue de la Lamproie du Nord. La coloration du corps est variable, pouvant aller du gris-bleu au brun. Elle possède une tache foncée distinctive au bout de la queue.

Habitat   Ruisseaux et petites rivières aux eaux claires et fraîches.

Biologie   La Lamproie de l'Est fraie en mai et juin, dans

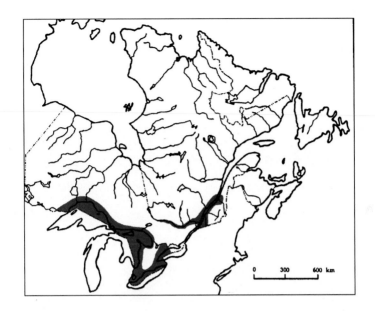

les secteurs graveleux et à courant des ruisseaux. Les reproducteurs construisent un nid. Le nombre des oeufs pondus varie entre 860 et 3 300. Les adultes meurent tous après le frai. La larve Ammocète (photo) met 4 à 5 ans pour devenir adulte. Enfouie dans le sable ou les détritus, elle se nourrit de plancton. La métamorphose en adulte a lieu à l'automne et le frai a lieu au printemps suivant. Les adultes ne sont pas parasites et ne se nourrissent jamais, leur intestin n'étant pas fonctionnel.

Commentaires   N'étant pas parasite, elle ne cause pas de dommages aux autres espèces de poissons. Elle était jadis fréquemment utilisée comme appât pour la pêche au Bar rayé.

Lamproie marine

Petromyzon marinus
Sea Lamprey

Identification   C'est la plus grande et la plus prédatrice des lamproies. Elle mesure régulièrement jusqu'à 80 cm quoique sa taille moyenne soit de 40 à 45 cm. Son corps est cylindrique et dépourvu d'écailles. Le diamètre de la ventouse buccale est à peu près égal ou un peu plus grand que la largeur du corps. Cette ventouse est garnie de grosses dents en forme de crochets. Elle possède deux nageoires dorsales séparées qui la distinguent de la Lamproie argentée. Les yeux sont grands et bien développés. La coloration varie selon le stade de développement et va du gris-bleu chez les jeunes adultes à l'olive foncé tacheté de brun ou de noir chez les reproducteurs.

Habitat   Surtout en eaux marines côtières ou profondes, estuaires mais également en eaux douces.

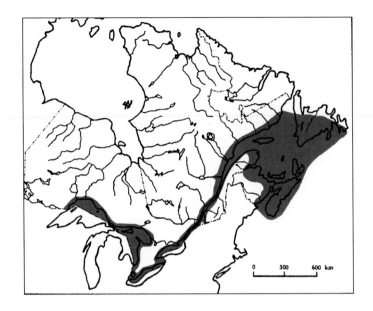

Biologie   La Lamproie marine est anadrome. Les adultes séjournent en mer le long des côtes et reviennent frayer en eau douce où on les retrouve alors en rivières. Cependant, il existe également des populations non anadromes qui passent leur vie en lacs et en rivières. Le frai de la Lamproie marine a lieu le printemps vers la mi-juin, quand l'eau atteint environ 15°C. Les adultes remontent les rivières sur des distances atteignant jusqu'à 320 km pour trouver des fonds sablonneux ou graveleux dans un courant modéré où ils creusent leur nid. Les Lamproies marines peuvent franchir des rapides importants en nageant et en s'attachant aux pierres avec leur ventouse. Le nombre d'oeufs pondus varie selon la taille des femelles et peut atteindre 230 000. Les adultes meurent 1 à 3 jours après le frai. Les larves Ammocètes vivent enfouies jusqu'à 7 ans et se nourrissent par filtration. La vie adulte dure 1 ou 2 ans durant lesquels les Lamproies attaquent d'autres poissons et s'y fixent pour râper leur chair et sucer leur sang. En eau douce, elles attaquent entre autres Touladi, Corégone, Meuniers, Suceurs, Perchaude, Truites, Brochets, Dorés, Barbue et Carpe.

Lamproie marine (gros plan)

Commentaires   La Lamproie marine peut causer des torts considérables aux poissons d'importance économique. Dans les Grands Lacs, particulièrement, elle est associée au déclin catastrophique des dernières décennies des stocks de Touladis et de Corégones. Des études ont démontré qu'une lamproie peut détruire près de 10 kg de poisson au cours de sa vie.

Les Esturgeons - Famille des Acipenséridés

La famille des Esturgeons est très primitive. Il y a cent millions d'années, certaines des espèces que l'on connaît aujourd'hui existaient déjà. Les Esturgeons sont aisément reconnaissables à leur long museau muni de quatre barbillons, à leur bouche ventrale protractile, à leur corps allongé et à leur queue hétérocerque, c'est-à-dire dont le lobe supérieur est plus grand que le lobe inférieur. Leur squelette est cartilagineux, à part certains os de la tête et de la ceinture pelvienne. Leur peau très coriace est dépourvue d'écailles véritables. Sur le dos, les côtés et le ventre, leur corps est muni de larges plaques osseuses qui s'usent avec l'âge. Leur nageoire dorsale est située loin sur le dos, près de la nageoire caudale et au-dessus de la nageoire anale. Au moyen de leur bouche protractile, les Esturgeons se nourrissent sur le fond de petits organismes aquatiques, incluant écrevisses, insectes, mollusques, etc... Il existe vingt-cinq espèces d'Esturgeons qui sont distribuées en Amérique du Nord, en Europe et en Asie. Certaines espèces d'esturgeons vivent strictement en lacs ou en rivières alors que d'autres sont anadromes. Les Esturgeons sont les plus gros poissons d'eau douce.

Espèces présentes au Québec : 2

Esturgeon jaune
Esturgeon noir

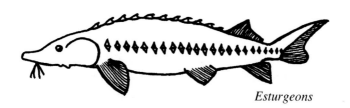

Esturgeons

11

Esturgeon jaune

Esturgeon de lac, Camus, Escargot, Maillé
Acipenser fulvescens
Lake Sturgeon

Identification   La taille habituelle de l'Esturgeon jaune
varie entre 90 et 140 cm, et son poids entre 5 et 35 kg. Sa
bouche suceuse ventrale est située loin derrière les yeux. Il
n'y a pas de plaques osseuses entre la nageoire dorsale et la
queue, ce qui le distingue de l'Esturgeon noir. La coloration du corps varie de brun à gris sur le dos et les flancs et
le ventre est blanc. Les nageoires sont brun foncé ou grises
et ne sont pas bordées de blanc comme l'Esturgeon noir.

Habitat   Grandes rivières et lacs. Incursions occasionnelles en eaux saumâtres.

Biologie   Le frai a lieu au printemps, en mai et juin, quand
la température de l'eau atteint 13 à 18°C. Les frayères sont
généralement situées en rivières dans les zones de courant,

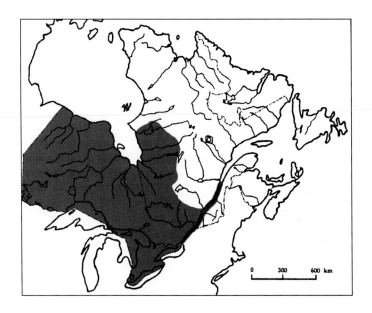

et occasionnellement en eaux peu profondes des lacs. Une femelle peut pondre entre 100 000 et 900 000 oeufs selon sa taille. La première reproduction a lieu en moyenne vers 16 ans et à une taille d'environ un mètre pour les mâles comparativement à 27 ans et à une longueur de 1,3 m pour les femelles. L'Esturgeon jaune croît très lentement mais il est d'une longévité remarquable. Il vit en général de 55 à 80 ans au Québec. Il se nourrit sur le fond, surtout de petits organismes tels que mollusques, insectes aquatiques, écrevisses et oeufs de poissons qu'il détecte à l'aide de ses barbillons.

Commentaires L'Esturgeon jaune est le plus gros poisson d'eau douce trouvé au Québec après l'Esturgeon noir. Le plus grand spécimen jamais vu est semble-t-il un géant de 140 kg mesurant près de 2,5 m capturé dans le lac Supérieur. Le record de pêche à la ligne: un spécimen pesant 41,8 kg, capturé au Minnesota en 1986. Le plus vieil individu que l'on connaisse était âgé de 154 ans. L'Esturgeon jaune est fréquemment observé bondissant énergiquement

13

hors de l'eau. Les raisons de ce comportement ne sont pas connues. L'Esturgeon jaune fait l'objet d'une pêche commerciale importante dans la région de Montréal, dans le lac Saint-Pierre ainsi qu'au Témiscamingue et en Abitibi. Sa chair fumée est un mets de luxe de même que ses oeufs préparés en caviar. À cause du temps qu'il met à atteindre la maturité, l'Esturgeon jaune est facilement soumis aux dangers de la surexploitation. Le braconnage et la détérioration de son habitat, notamment des frayères, sont également des causes du déclin de plusieurs populations.

Esturgeon noir

Esturgeon de mer, Escargot, Guindé
Acipenser oxyrhynchus
Atlantic Sturgeon

Identification   L'Esturgeon noir adulte mesure en moyenne 1,6 m et pèse 27 kg. Son museau est plus allongé que celui de l'Esturgeon jaune, et retroussé chez les jeunes. Sa queue est également plus pointue. Il possède 6 à 9 plaques derrière la nageoire dorsale et 4 derrière l'anale. La coloration du corps varie de bleu-noir à gris foncé sur le dos devenant blanche sur le ventre. Ses nageoires distinctement bordées de blanc le distinguent de l'Esturgeon jaune.

Habitat   Régions marines côtières et estuaires. En eau douce à la reproduction.

Biologie   L'Esturgeon noir est une espèce anadrome qui quitte la mer pour frayer en eau douce entre la fin mai et le début juillet. Quoiqu'aucun site de frai ne soit connu au

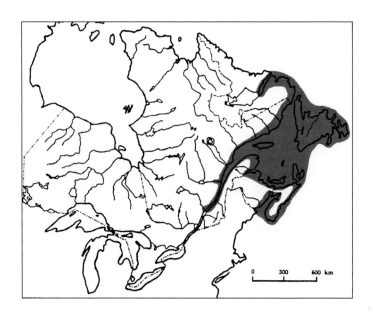

Québec, on suppose qu'il fraie au pied des chutes des tributaires du Saint-Laurent. Le nombre d'oeufs par femelle varie de 800 000 à 2,4 millions. La maturité sexuelle n'est pas atteinte en moyenne avant l'âge de 22 ans (entre 12 et 28 ans) et une longueur de 1,6 m pour les mâles et pas avant 27 ans (23 et 36 ans) et une longueur de 1,9 m pour les femelles. Les jeunes passent environ 4 années en eau douce avant de se diriger vers la mer. Ils se nourrissent principalement de larves d'insectes, d'Isopodes, d'Amphipodes et de petits mollusques bivalves. En mer, l'Esturgeon noir se nourrit de vers marins, de mollusques et de crustacés. C'est une espèce migratrice qui peut se déplacer sur des distances de plusieurs centaines de kilomètres.

Commentaires L'Esturgeon noir est le plus grand poisson qui fréquente nos eaux douces. Le record québécois est une femelle pesant 160 kg et mesurant 2,7 m, capturée dans le fleuve Saint-Laurent. Le poids des oeufs à eux seuls faisait plus de 40 kg. Le plus grand spécimen jamais vu a été capturé en 1924 au Nouveau-Brunswick: il pesait 369 kg et mesurait 4,2 m. Comme l'Esturgeon jaune, cette espèce effectue fréquemment des bonds impressionnants hors de l'eau. L'Esturgeon noir a accusé un sérieux déclin dans le fleuve Saint-Laurent à partir de 1967 à la suite notamment, d'une pêche commerciale trop intensive des jeunes et des géniteurs, des travaux de dragage qui ont pu détruire des frayères et de la construction de barrages qui empêchent les migrations du frai. Il est même possible que des bandes élastiques jetées par mégarde dans le fleuve, soient une cause non négligeable de mortalité, car les jeunes esturgeons s'y enfilent imprudemment le museau. Il semble cependant que la population d'Esturgeons noirs au Québec soit en train de se rétablir.

Le Poisson-castor - Famille des Amiidés

Les Poissons-castors représentent une famille de poissons archaïques, trouvés avant tout à l'état fossile. Une seule espèce existe encore de nos jours, transitive entre la famille des Lépisostés et les Poissons supérieurs, les Téléostéens. Le Poisson-castor est un prédateur vorace. Comme les Lépisostés, il peut respirer l'oxygène de l'air grâce à une vessie gazeuse vascularisée. Le Poisson-castor se rencontre uniquement en Amérique du Nord.

Espèce présente au Québec : 1

Poisson-castor

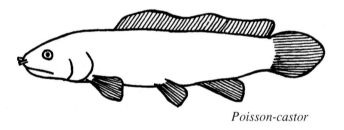

Poisson-castor

Poisson-castor

Amie
Amia calva
Bowfin

Identification Le corps du Poisson-castor est robuste et cylindrique. Sa tête est arrondie, massive et sans écailles. Il mesure ordinairement entre 45 et 60 cm et pèse entre 1 et 2 kg. Sa queue est nettement arrondie. Ses narines externes sont en forme de petits tubes. C'est le seul poisson muni d'une plaque osseuse robuste sous la mâchoire inférieure. L'unique nageoire dorsale est très longue et ondulante. La coloration du corps tacheté varie de l'olive au brun foncé. La base de la queue est ornée d'un grosse tache noire, ronde ou ovale, entourée d'un halo jaune ou orange, proéminente chez le mâle mais peu prononcée ou absente chez la femelle.

Habitat Baies marécageuses et pourvues de végétation des lacs et des rivières aux eaux chaudes.

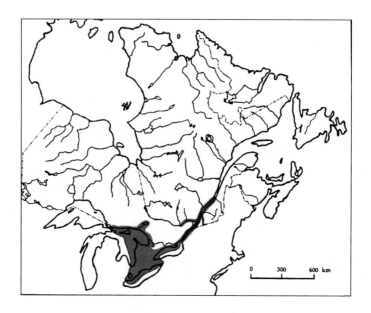

Biologie   Le Poisson-castor fraie au printemps, en mai et juin, à des températures de 16 à 19°C. Les mâles construisent un nid dans les secteurs herbeux et peu profonds des lacs et des rivières. Ils le défendent vigoureusement contre les autres mâles et maintiennent un courant d'eau sur les oeufs en agitant leurs nageoires pectorales pour en faciliter l'oxygénation. Ils protègent aussi les jeunes pendant les semaines suivant l'éclosion. Une femelle de taille moyenne pond entre 20 000 et 60 000 oeufs. C'est un prédateur vorace qui se nourrit surtout d'autres poissons, d'écrevisses et de grenouilles.

Commentaires   Le Poisson-castor est souvent considéré comme une peste étant donné son peu d'intérêt économique et la compétition alimentaire avec plusieurs espèces sportives. Il mord facilement aux appâts vivants, aux leurres et peut fournir des combats intéressants. Le record de pêche à la ligne est un spécimen pesant 9,75 kg, mesurant 86 cm, capturé en Caroline du Sud en 1986.

Le Lépisosté - Famille des Lépisostéidés

Les Lépisostés forment une famille très primitive dont certains spécimens fossiles datent de 200 millions d'années. Leur corps long et mince est cylindrique et recouvert d'écailles dures et épaisses, appelées écailles ganoïdes. Leur squelette est entièrement ossifié. Leurs mâchoires longues et fines sont pourvues d'une multitude de petites dents étroites et acérées. Les nageoires dorsale et anale sont placées très loin sur le corps, l'une au-dessus de l'autre. Ce sont des prédateurs redoutables qui chassent à l'affût. Les Lépisostés se retrouvent uniquement en Amérique du Nord et en Amérique centrale. La plupart des sept espèces existantes atteignent 1 à 2 m de longueur. Le Lépisosté Alligator qui habite le sud des États-Unis, peut excéder 3 m. Les Lépisostés ont la possibilité de respirer l'oxygène de l'air grâce à leur vessie gazeuse très vascularisée qui communique avec l'oesophage.

Espèce présente au Québec : 1

Lépisosté osseux

Lépisosté osseux

21

Lépisosté osseux

Poisson armé
Lepisosteus osseus
Longnose Gar

Identification   Le Lépisosté osseux est un grand poisson
au corps très allongé et cylindrique qui mesure habituellement entre 60 et 90 cm. Le museau est mince, très effilé et
muni de nombreuses petites dents acérées. Les nageoires
sont marquées de grands points foncés et la nageoire caudale est arrondie. L'adulte est brun ou vert foncé sur le dos
et plus pâle sur les flancs. Le jeune porte une longue bande
latérale noire qui disparaît graduellement par endroits en
laissant de gros points.

Habitat   Zones herbeuses et peu profondes des lacs et des
grandes rivières aux eaux chaudes. Incursions possibles en
eaux saumâtres.

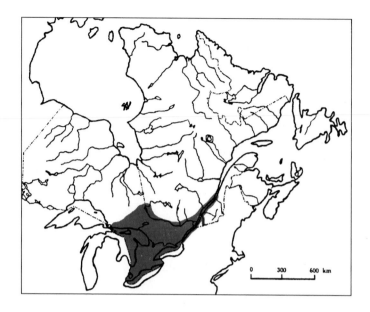

Biologie   Il fraie à la fin du printemps à partir de la mi-juin. Les oeufs sont pondus sur la végétation aquatique à laquelle les jeunes demeurent accolés jusqu'à ce qu'ils puissent nager. Les jeunes croissent plus rapidement que tout autre espèce de poissons d'eau douce de l'Amérique du Nord. Le Lépisosté osseux peut atteindre l'âge de 20 ans. Il chasse à l'affût dans les hauts-fonds tranquilles et herbeux des eaux chaudes pour capturer plusieurs espèces de poissons, notamment Perchaude, Crapets et Cyprinidés.

Commentaires   Il n'est pas rare de voir des Lépisostés dans les grands cours d'eau de la région de Montréal et dans la rivière Outaouais monter à la surface et y rester tranquillement sans bouger, possiblement pour se faire chauffer au soleil. Les oeufs du Lépisosté osseux sont vénéneux pour l'humain, tous les autres mammifères de même que pour les oiseaux. Le Lépisosté osseux peut atteindre une taille considérable, le record de pêche étant un spécimen de 22,8 kg, qui mesurait 1,8 m, capturé au Texas en 1954.

L'Anguille - Famille des Anguillidés

Les Anguillidés représentent la seule famille que l'on peut trouver en eau douce parmi le grand ordre des Anguilliformes, qui sont avant tout des poissons marins. Les anguilles ont toutes la même forme caractéristique. Leur corps est très allongé, les nageoires dorsale, caudale et anale sont fusionnées pour n'en former qu'une seule. Elles n'ont pas de nageoires pelviennes, ni d'os maxillaires et prémaxillaires comme la majorité des poissons. Il existe 16 espèces d'anguilles dans le monde et la plupart vivent en eau douce et se reproduisent en mer. Ce sont donc des espèces catadromes. Une seule espèce, l'Anguille d'Amérique, se trouve dans les eaux de l'Amérique du Nord. Une autre espèce, l'Anguille d'Europe, qui possède un cycle vital très semblable à celui de la nôtre, a longtemps été considérée comme faisant partie de la même espèce. Des études génétiques récentes ont démontré que les deux espèces sont clairement distinctes.

Espèce présente au Québec : 1

Anguille d'Amérique

Anguille d'Amérique

Anguille d'Amérique

Anguille
Anguilla rostrata
American Eel

Identification   Le corps de l'Anguille d'Amérique est excessivement allongé et rond. Dans nos eaux, elle mesure en moyenne 1 mètre et pèse 1,6 kg. Elle peut cependant atteindre 1,5 m et peser plus de 7 kg. Sa bouche est grande et sa mâchoire inférieure dépasse sa mâchoire supérieure. Les nageoires dorsale, anale et caudale sont fusionnées et continues. Les nageoires pelviennes sont absentes. Les écailles sont minuscules et enfoncées dans la peau, ce qui peut laisser croire qu'elle n'en possède pas. La coloration de l'adulte est variable, allant du jaunâtre au brun olive chez l'Anguille non mature, souvent appelée «Anguille jaune». Devenue mûre pour la reproduction et pour entreprendre son voyage vers la mer, l'Anguille devient bronzée ou presque noire avec des reflets métalliques. À ce stade, elle est appelée «Anguille argentée» ou «Anguille noire».

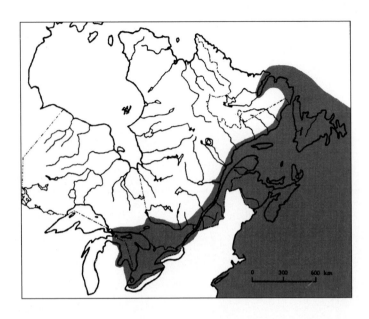

Habitat   N'importe quel type de lacs et de rivières, eaux saumâtres. Migration et reproduction en mer.

Biologie   L'Anguille est un poisson catadrome, c'est-à-dire qu'elle quitte les eaux douces pour aller frayer en mer. Les adultes de toute l'Amérique vont se reproduire dans la mer des Sargasses. Elles appartiennent donc toutes à une seule population, ce qui est un phénomène unique de la nature. Une femelle de taille moyenne pond de 10 à 20 millions d'oeufs. On croit que toutes les Anguilles meurent après le frai. À l'éclosion, les larves d'Anguille sont transparentes et rubaniformes; elles sont nommées **Leptocéphales**. Les larves sont transportées par les courants du «Gulf Stream» et mettent un an à atteindre nos côtes où elles se métamorphosent en petites Anguilles transparentes appelées **Civelles**. Elles développent par la suite une pigmentation lorsqu'elles atteignent la taille de 7,5 cm et sont connues à ce stade sous le nom d'**Anguillettes.** Les **Anguillettes,** malgré leur petite taille, colonisent nos rivières jusqu'à leur source en franchissant des obstacles apparemment insurmontables. En fait, elles ont une peau spécialisée qui leur permet à la fois de capter l'oxygène de l'air et d'adhérer au substrat de sorte qu'elles peuvent sortir hors de l'eau la nuit pour escalader rochers et barrages. L'Anguille croît pendant 5 à 20 ans dans nos eaux avant de retourner à la mer. Toutes les Anguilles vivant dans nos eaux, sauf quelques possibles exceptions, sont des femelles. Ce phénomène est encore très peu compris. Elle est un carnivore vorace qui se nourrit surtout la nuit d'une grande variété de poissons, mais aussi de grenouilles, d'écrevisses d'insectes et de vers. L'Anguille est une espèce tenace. Elle peut vivre plus de 2 ans sans s'alimenter. Elle peut aussi vivre très longtemps hors de l'eau grâce à sa capacité de respirer par la peau.

Commentaires   L'Anguille est un poisson d'une grande importance pour l'homme, tant pour les scientifiques, pour qui les mystères entourant son cycle vital demeurent une énigme à résoudre, que pour sa valeur économique. Personne n'a encore réussi à capturer une Anguille adulte en mer sur les lieux de reproduction. Au Québec, les pêcheurs en capturent au delà de 100 tonnes métriques annuellement et ce, principalement dans le lac Saint-Pierre. L'Anguille n'a cependant pas la faveur des Québécois et les prises sont à peu près toutes exportées vers l'Europe. Des mortalités massives d'Anguilles se manifestent chaque année et des recherches gouvernementales ont démontré que les contaminants tels le Mirex et les BPC retrouvés dans leur chair pourraient en être la cause première. L'Anguille fait parfois l'objet de pêche sportive, le record officiel étant un spécimen pesant 2,0 kg capturé dans l'état de New York en 1986.

Les Laquaiches - Famille des Hiodontidés

La famille des Laquaiches n'est formée que de deux espèces d'eau douce particulières à l'Amérique du Nord et qu'on trouve au Québec. Ce sont des poissons argentés, au corps très aplati et dont la nageoire dorsale se situe loin sur le corps, au-dessus de la nageoire anale. La nageoire anale a une base très longue. Le museau est court et arrondi et les yeux proéminents reflètent la lumière. La tête est dépourvue d'écailles. On peut les confondre avec les Aloses, les Ciscos et les Corégones mais des dents bien développées sur la langue et les mâchoires, leurs yeux très grands et l'absence d'une nageoire adipeuse permettent de les distinguer.

Espèces présentes au Québec : 2

Laquaiche aux yeux d'or
Laquaiche argentée

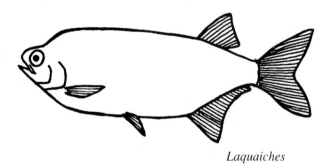

Laquaiches

Laquaiche aux yeux d'or

Hiodon alosoides
Goldeye

Identification   La Laquaiche aux yeux d'or a le corps haut et très aplati. Elle mesure habituellement entre 25 et 30 cm et dépasse rarement cette taille. La bouche est petite et munie de nombreuses dents pointues sur les mâchoires et la langue. Les yeux sont grands et d'un doré très brillant. La nageoire dorsale origine vis-à-vis ou derrière le début de la nageoire anale, mais jamais devant; cette nageoire dorsale la distingue de la Laquaiche argentée. Les flancs et la face ventrale sont argentés et le dos va du bleu foncé au vert-bleu.

Habitat   Surtout en eaux turbides mais aussi dans les grandes rivières aux eaux claires, zones peu profondes des lacs.

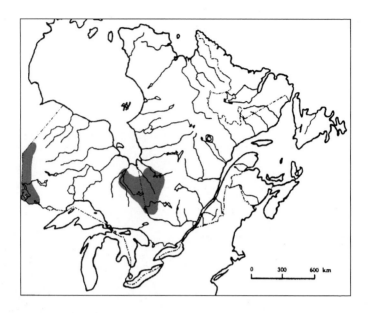

Biologie La Laquaiche aux yeux d'or fraie au printemps, à partir de mai, habituellement dans les fosses turbides et tranquilles des rivières, mais aussi en lacs. Une femelle de taille moyenne pond environ 5 000 oeufs. La reproduction débute vers l'âge de 7 ans. La Laquaiche peut vivre 17 ans. Elle se nourrit surtout à la brunante. Son menu varié se compose d'insectes aquatiques, de petits poissons, de mollusques et d'écrevisses. Ses principaux prédateurs sont le Grand Brochet et les Dorés.

Commentaires Au Québec, la Laquaiche aux yeux d'or est peu populaire, peut-être à cause de sa distribution restreinte. Elle est capturée accidentellement à la ligne en Abitibi. Dans les provinces des Prairies, c'est une espèce commerciale importante et sa chair fumée est très appréciée. Le record de pêche sportive est un spécimen pesant 1,7 kg, capturé au Dakota du Sud en 1987.

Laquaiche argentée

Hiodon tergisus
Mooneye

Identification Le corps de la Laquaiche argentée est haut et aplati mais à un degré moindre que celui de la Laquaiche aux yeux d'or. Sa longueur habituelle varie entre 20 et 30 cm. Les mâchoires et la langue sont munies de dents acérées. Les yeux sont grands. La nageoire dorsale, qui commence toujours avant le début de la nageoire anale, la différencie de la Laquaiche aux yeux d'or. Elle est généralement plus argentée que la Laquaiche aux yeux d'or et ses yeux ne sont pas dorés.

Habitat Eaux peu profondes des lacs et des grandes rivières. Moins tolérante à la turbidité que la Laquaiche aux yeux d'or.

31

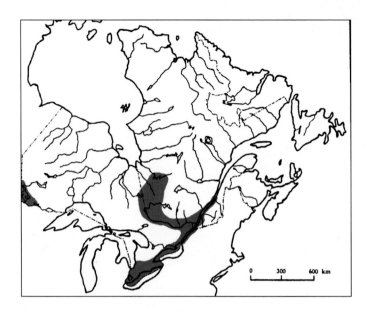

Biologie   La Laquaiche argentée fraie en avril et mai dans les rivières aux eaux claires et peu profondes. Les femelles pondent entre 3 000 et 20 000 oeufs de couleur verte. Son menu varié inclut insectes, mollusques, plancton et petits poissons. Elle peut vivre 10 ans.

Commentaires   La Laquaiche argentée n'est reconnue nulle part comme poisson sportif bien qu'elle soit capturée accidentellement à l'occasion.

Les Aloses - Famille des Clupéidés

Les *Clupéidés* sont des poissons argentés, pélagiques et majoritairement marins (par exemple le Hareng et la Sardine). Plusieurs espèces sont anadromes et quelques-unes résident en eaux douces. Ces poissons vivent en bancs. Ils se nourrissent principalement en filtrant le plancton au moyen de leurs longues et nombreuses branchiténies. Les Aloses se distinguent par leur corps élancé et très aplati, leurs grosses écailles argentées qui se détachent facilement, leur surface ventrale mince comme une lame et pourvue d'écailles en dents de scie, de même que par l'absence de ligne latérale et de nageoire adipeuse. Ces caractéristiques permettent de les différencier des espèces avec lesquelles elles sont le plus souvent confondues, telles que les Corégones et les Laquaiches. Il existe 190 espèces de cette famille dans le monde.

Espèces présentes au Québec : 3

Gaspareau
Alose savoureuse
Alose à gésier

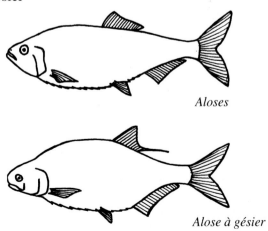

Aloses

Alose à gésier

Gaspareau

Alosa pseudoharengus
Alewife

Identification   Le Gaspareau a le corps allongé et très aplati. Il mesure en moyenne entre 15 et 25 cm. Le profil ventral est nettement plus arrondi que celui du dos. Les écailles sont grandes et s'enlèvent très facilement. Celles du ventre sont en dents de scie. La bouche est grande et orientée vers le haut. Son corps est argenté et une tache noire est généralement visible juste derrière l'opercule.

Habitat   Zone du large des lacs et des grandes rivières. Littoral au moment de frayer. Aussi dans les estuaires et les baies marines côtières.

Biologie   Il existe des populations de Gaspareau anadromes et d'autres cantonnées en eau douce. Les Gaspareaux anadromes passent la majeure partie de leur vie en mer et

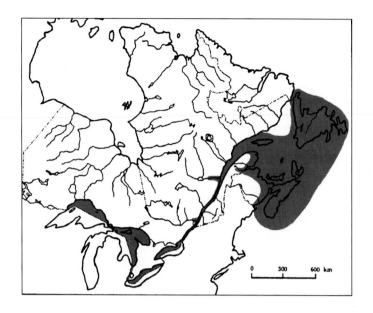

remontent les eaux douces pour frayer dans les lacs et les
eaux tranquilles des rivières. Les populations cantonnées
en eau douce utilisent le même type de frayères. Le frai a
lieu de mai à juillet. Une femelle anadrome peut produire
environ 100 000 oeufs, près de 10 fois le nombre produit
par une femelle cantonnée en eau douce. Le Gaspareau se
nourrit avant tout de zooplancton. Il est la proie de plusieurs poissons prédateurs comme la Lotte, les Saumons et
les Truites.

Commentaires   Le Gaspareau n'est pas une espèce très
abondante dans les eaux du Québec où il est essentiellement associé au fleuve Saint-Laurent et à quelques-uns
de ses tributaires. Par contre, il est si abondant dans les
Grands Lacs qu'il y est considéré comme une peste. Lors
de mortalités catastrophiques, les Gaspareaux s'empilent
sur les plages en énorme quantité et constituent un problème sanitaire pour plusieurs communautés. Ils sont aussi
très abondants dans les provinces Maritimes où on les pêche commercialement.

Alose savoureuse

Alosa sapidissima
American Shad

Identification   L'Alose savoureuse est une espèce de taille relativement grande, au corps allongé, haut et très aplati. Sa longueur moyenne est d'environ 38 cm mais peut varier beaucoup d'une population à l'autre. Les profils dorsal et ventral sont aussi arrondis l'un que l'autre. Les écailles sont en dents de scie sur le ventre et grandes sur le reste du corps. La mâchoire inférieure s'emboîte dans une encoche de la mâchoire supérieure. La queue est profondément fourchue. La coloration générale est argentée et le dos est bleu-vert. Elle possède une grande tache noire derrière l'opercule, suivie de plusieurs taches plus petites. Ces taches ne sont cependant pas toujours visibles.

Habitat   Surtout en milieu marin, dans les baies côtières et les estuaires. Rivières au moment du frai.

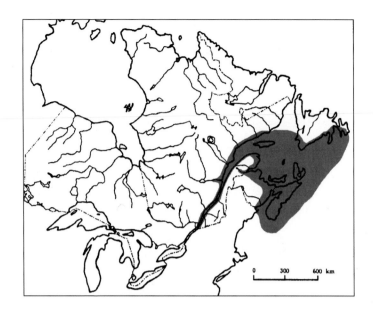

Biologie   L'Alose savoureuse est anadrome et remonte les rivières au printemps. Dans nos eaux, le frai a lieu à la fin mai et en juin lorsque l'eau atteint environ 12°C et culmine aux alentours de 18°C. Le nombre d'oeufs pondus par femelle est très variable, jouant entre 20 000 et 600 000. Elle ne construit pas de nid; les oeufs sont libérés en pleine eau et fécondés par les mâles. Ils sont ensuite transportés par les courants et éclosent environ 10 jours après la fécondation. Les jeunes passent le premier été en eau douce ou saumâtre puis se rendent en mer à l'automne où ils demeurent jusqu'à leur maturité. L'Alose savoureuse est avant tout planctophage et se nourrit surtout de petits crustacés.

Commentaires   Chez nous, l'Alose savoureuse n'est généralement pas reconnue comme une espèce sportive. Elle fait surtout l'objet d'une pêche commerciale au cours de sa montaison de frai, par exemple dans les régions de l'Isle-Verte et du lac Saint-Pierre au Québec, mais également et de façon beaucoup plus importante dans les provinces maritimes. Cependant, sa capture à la ligne au moment du frai, à la fin mai et au début juin, dans la rivière des Prairies près de Montréal attire de plus en plus d'adeptes. Le record de pêche sportive est un spécimen pesant 5,1 kg, capturé au Massachusets en 1986. Son abondance dans le fleuve Saint-Laurent avait diminué de façon dramatique au cours des 20 dernières années. Il semble que la population soit maintenant en voie de rétablissement.

Alose à gésier

Dorosoma cepedianum
Gizzard Shad

Identification   Le corps de l'Alose à gésier est haut et fortement aplati. Sa longueur moyenne est d'environ 25 cm. Son museau est gros, arrondi, parfois presque carré et surplombe la bouche qui est petite. Ses écailles sont grandes et celles situées sur le ventre sont en dents de scie. La ligne latérale est absente. Le dernier rayon de la nageoire dorsale est caractéristique de l'espèce. Il est très effilé et beaucoup plus long que tous les autres. La coloration est d'un bleu argenté sur le dos, argentée sur les flancs et blanche sur le ventre. Une tache noire et ronde derrière l'opercule est souvent visible.

Habitat   En eau douce dans les grandes rivières et les lacs. Également dans les estuaires et les eaux côtières.

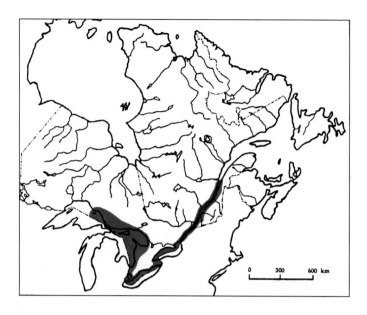

Biologie L'Alose à gésier fraie en eau douce au printemps ou au début de l'été. Les femelles pondent en moyenne 200 000 à 500 000 petits oeufs mesurant moins de 1 mm de diamètre. L'Alose à gésier est avant tout herbivore, se nourrissant principalement de plantes microscopiques, le phytoplancton.

Commentaires L'Alose à gésier est une des rares espèces de nos eaux à se nourrir surtout de matière végétale. Elle peut donc représenter un lien majeur dans la chaîne alimentaire des prédateurs d'importance sportive ou commerciale. Au Québec, cependant, elle n'apparaît pas d'une grande valeur étant donné sa faible abondance et sa distribution restreinte limitée essentiellement aux eaux douces du fleuve Saint-Laurent. Ailleurs, elle fait parfois l'objet d'une pêche sportive. Le record officiel est un spécimen de 1,6 kg, capturé au Dakota du Sud en 1988.

Les Saumons, Truites, Ombles et Corégones - Famille des Salmonidés

Les Salmonidés représentent une grande famille de poissons abondamment répartie dans tout l'Hémisphère nord. Elle regroupe des espèces très différentes quant à leurs apparence, leur taille, leur mode de vie et leur alimentation. Environ 70 espèces sont officiellement reconnues. Toutes sont de forme élancée et se distinguent par leur nageoire adipeuse, une petite nageoire dépourvue de rayons et située sur le dos, loin derrière la dorsale. De plus, les Salmonidés portent une petite excroissance charnue logée à l'insertion des nageoires pelviennes, le procès axillaire. Les Salmonidés dominent les communautés de poissons nordiques d'Amérique, d'Europe et d'Asie et comprennent d'une part des formes migratrices anadromes qui fraient en eau douce et séjournent en mer, et d'autre part des formes sédentaires qui passent leur vie dans les lacs ou dans les cours d'eau. Les Salmonidés sont généralement associés aux eaux froides et riches en oxygène. Le frai a le plus souvent lieu à l'automne, sauf certaines exceptions. Les Salmonidés ont une très grande importance économique et sociale partout où on les retrouve dans le monde. Les espèces de Salmonidés qui habitent nos eaux sont divisées en deux sous-familles; les Salmoninés (Saumons, Truites et Ombles) et les Corégoninés (Corégone, Cisco et Ménomini). Plusieurs espèces ne sont pas indigènes et ont été introduites volontairement ou accidentellement. Certaines, comme la Truite arc-en-ciel et la Truite brune sont maintenant bien établies et prolifiques. D'autres, comme le Kokani et la Truite fardée sont restreintes à certains lacs. Enfin, le Huchon, l'Ombre arctique et le Saumon rose ont disparu de nos eaux et ne font plus partie de notre faune aquatique.

Espèces présentes au Québec : 13

Cisco de lac
Grand Corégone
Ménomini rond
Truite arc-en-ciel
Saumon Atlantique
Truite brune
Omble de fontaine
Touladi
Omble chevalier
Truite fardée
Saumon Coho
Saumon Chinook
Kokani

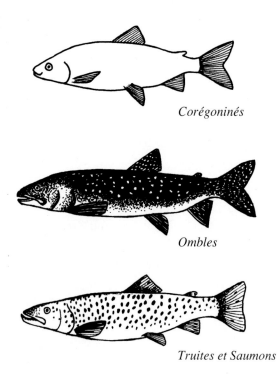

Corégoninés

Ombles

Truites et Saumons

Cisco de lac

Hareng de lac
Coregonus artedii
Lake Cisco

Identification Le Cisco de lac mesure habituellment entre 15 et 30 cm mais sa longueur est très variable selon le milieu. C'est un poisson au corps fusiforme et aplati latéralement. La bouche terminale et la mâchoire inférieure dépassant la mâchoire supérieure le distinguent du Grand Corégone. La nageoire adipeuse présente sur le dos distingue par ailleurs le Cisco des autres poissons argentés, tels que Laquaiches et Aloses, avec lesquels il pourrait être confondu. La nageoire caudale est distinctement fourchue. Les écailles sont grandes et s'enlèvent facilement. La coloration est argentée sur les flancs et varie du bleu-vert au noir sur le dos, selon les populations.

Habitat Essentiellement en lacs dans le sud de sa distribution. Au nord, des populations anadromes fréquentent les

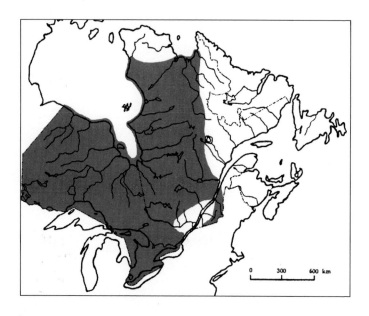

régions côtières saumâtres des baies James et d'Hudson et les grandes rivières. En eau peu profonde à partir du frai en automne jusqu'au printemps. Entre deux eaux sous la thermocline pendant la saison estivale.

Biologie   Le frai du Cisco de lac a généralement lieu à l'automne après celui du Grand Corégone et précède de peu la prise des glaces. Selon la latitude, il se situe entre septembre et décembre mais peut exceptionnellement avoir lieu au printemps, comme au Lac-aux-Écorces, en Gatineau. En lacs, le frai se produit habituellement en eau peu profonde sur des fonds graveleux où les Ciscos peuvent se rassembler en grand nombre. Le frai des Ciscos anadromes des Baies James et d'Hudson a lieu dans des fosses profondes situées au pied des rapides. Le nombre d'oeufs pondus par femelle est très variable selon les populations mais se situe généralement autour de 20 000. Le Cisco de lac atteint la maturité sexuelle entre 2 et 6 ans. Il se nourrit avant tout de zooplancton mais son régime peut également inclure des insectes et parfois quelques poissons.

Commentaires   Le Cisco de lac est d'une importance écologique majeure puisqu'il constitue la proie principale de
plusieurs de nos espèces sportives, principalement du Touladi, du Grand Brochet et du Doré jaune. Il est aussi une
ressource alimentaire importante pour les autochtones du
Nord. En hiver, la pêche sportive du Cisco de lac est très
populaire au lac Témiscamingue. Le record officiel de pêche sportive est un Cisco pesant 3,35 kg, capturé au Manitoba en 1986.

Grand Corégone

Corégone, Poisson blanc, Pointu
Coregonus clupeaformis
Lake Whitefish

Identification   Le Grand Corégone a un corps généralement élancé et comprimé latéralement. Il mesure en
moyenne 38 cm et pèse 1 kg mais peut atteintre des tailles
plus considérables. La nageoire adipeuse est présente et la
nageoire caudale est nettement fourchue. Sa bouche, petite
et distinctement surplombée par le museau, le distingue du
Cisco. Son corps est recouvert de grandes écailles. Sa coloration est argentée sur les flancs, brun-vert à noire sur le
dos, selon l'habitat.

Habitat   Dans le sud, eaux froides des lacs sous la thermocline en été et en eau peu profonde à partir du frai à l'automne. À toutes les profondeurs dans les lacs du Nord. Des
populations anadromes fréquentent les eaux côtières sau-

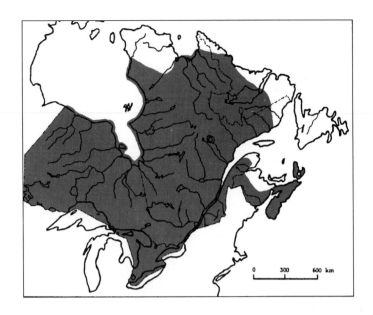

mâtres des Baies James, d'Hudson et d'Ungava de même que les grandes rivières.

Biologie Le frai a lieu à l'automne lorsque la température de l'eau atteint environ 6°C. Il s'étend de septembre à décembre selon la latitude. Le frai a souvent lieu en eau peu profonde, près des rives rocailleuses des lacs, mais se produit également en rivière. Le nombre d'oeufs pondus par femelle se situe à environ 20 000 par kilogramme de poids corporel. L'âge et la taille à la maturité sexuelle varient grandement d'une population à l'autre mais sont généralement atteints entre 5 et 7 ans et entre 32 et 38 cm. Le Corégone peut vivre longtemps. Des individus de plus de 15 ans ne sont pas exceptionnels. Dans certaines populations du nord, il peut atteindre 40 ans. Chez certaines populations naines, comme au lac Témiscouata, le Corégone atteint la maturité sexuelle à 2 ans et à une taille d'à peine 20 cm. Le Grand Corégone se nourrit surtout sur le fond où il consomme une grande variété d'animaux benthiques incluant mollusques, larves d'insectes et certains crustacés. Il peut également se nourrir de plancton, de petits poissons, de ses propres oeufs et de ceux d'autres espèces. Il est la proie de plusieurs poissons prédateurs, notamment le Touladi, le Grand Brochet, la Lotte et le Doré jaune.

Commentaires   Le Grand Corégone est le poisson d'eau douce de plus grande valeur commerciale au Canada. Il est cependant très peu exploité au Québec. Il est capturé commercialement dans le lac Témiscamingue, le fleuve Saint-Laurent, la baie Missisquoi et dans les réservoirs du bassin Manicouagan. Il fait aussi l'objet de pêches sportives au carrelet aux lacs Saint-François et Témiscouata. Il peut offrir un combat intéressant aux pêcheurs à la ligne et semble se capturer plus aisément à la mouche. Le plus gros Corégone observé pesait 19 kg. Le record de pêche à la ligne est un Grand Corégone de 6,5 kg capturé en Ontario en 1984. Sa chair a une saveur particulièrement fine et ses oeufs peuvent servir à la préparation d'un excellent caviar.

Ménomini rond

Prosopium cylindraceum
Round Whitefish

Identification   C'est un poisson dont le corps élancé et très cylindrique en coupe transversale, presqu'en forme de cigare le distingue du Cisco et du Corégone. Sa longueur moyenne varie entre 20 et 30 cm mais des poissons dépassant 50 cm ont été rapportés. Le museau est petit, pointu, formant un bec d'allure pincée. Sa petite bouche en position ventrale est surplombée par le museau. C'est le plus coloré des Corégonidés. Sa coloration générale est argentée, le dos va du brun au bronze et les nageoires sont ambre. Les jeunes possèdent des rangées de taches noires sur les flancs.

Habitat   Principalement dans les lacs profonds au sud de son aire de distribution. Également en rivières et parfois en eaux saumâtres au nord.

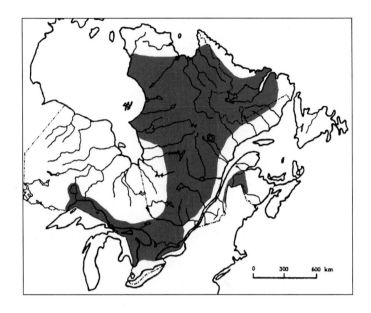

Biologie   Le frai du Ménomini rond a lieu d'octobre à décembre selon la latitude, généralement sur des hauts-fonds graveleux, mais aussi à l'embouchure de cours d'eau et en rivière. Les femelles pondent entre 2 000 et 12 000 oeufs de couleur orange qui sont nettement plus gros que ceux des Corégones et des Ciscos. Il se nourrit surtout sur le fond d'insectes aquatiques et de petits mollusques.

Commentaires   Quoique présent dans plusieurs de nos lacs, le Ménomini passe souvent inaperçu parce qu'il se retrouve généralement en moindre abondance que le Corégone et qu'il n'est à peu près jamais capturé à la ligne. Le record officiel est un spécimen pesant 2,7 kg, capturé au Manitoba en 1984.

Truite arc-en-ciel

Oncorhynchus mykiss (anciennement *Salmo gairdneri*)
Rainbow Trout

Identification   De forme caractéristique des Salmonidés, sa longueur habituelle varie de 30 à 45 cm et elle peut peser au delà de 9 kg dans les Grands Lacs. Sa grande bouche est munie de dents sur les mâchoires, la langue et le palais. L'extrémité de la nageoire caudale est carrée ou légèrement fourchue. Sa coloration est très variable, allant d'argentée avec très peu de taches évidentes à brunâtre avec de nombreuses taches noires. Une large bande rouge s'étend sur tout le flanc chez les mâles reproducteurs. Elle se distingue facilement de l'Omble de fontaine et du Touladi par ses taches sombres sur fond pâle, de la Truite brune et du Saumon Atlantique par ses rangées régulières de taches noires sur la nageoire caudale. Elle se distingue des saumons du Pacifique par le nombre de ses rayons à la nageoire anale (8 à 12) comparativement à 14-16 chez ceux-ci.

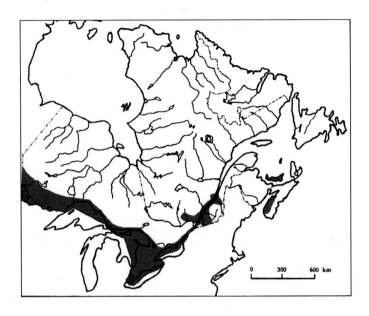

Habitat   Endroits peu profonds des rivières à courant modéré et à fond de gravier. Lacs de profondeur moyenne à grande.

Biologie   Dans nos eaux, le frai de la Truite arc-en-ciel a généralement lieu de la mi-avril à la fin de juin lorsque la température de l'eau atteint de 10 à 15°C. Elle fraie habituellement dans les cours d'eau rapides à fond de gravier fin sur lequel elle fait son nid. Le nombre d'oeufs est extrêmement variable, allant de 200 à plus de 12 500. La maturité sexuelle est atteinte entre 3 et 5 ans. Carnivore, elle se nourrit principalement de petits poissons, tels que Perchaudes et Ménés, mais de nombreux invertébrés peuvent aussi composer son menu.

Commentaires   La Truite arc-en-ciel est native de la Côte Ouest. Elle a été introduite dans plusieurs plans d'eau de l'est du pays depuis le début du vingtième siècle. Au Québec, des populations naturelles vivent maintenant dans plusieurs cours d'eau. Elle est plus tolérante aux eaux chaudes que l'Omble de fontaine. Elle représente une espèce sportive de grande importance, notamment dans les eaux du Saint-Laurent dans la région de Montréal et dans le lac Memphrémagog. Le record mondial de pêche est un specimen mesurant 1,1 m pesant 19,1 kg, capturé en Alaska en 1970. La Truite arc-en-ciel représente probablement l'espèce de poissons de nos eaux la plus exploitée en aquiculture et la plus étudiée en laboratoire.

Saumon atlantique

Ouananiche, Saumon d'eau douce
Salmo salar
Atlantic Salmon

Identification   Le Saumon atlantique incarne le Salmonidé typique. C'est un poisson au corps allongé et fusiforme. Il pèse le plus souvent entre 2,3 et 9,1 kg mais il peut atteindre un poids beaucoup plus considérable. La bouche du Saumon atlantique est grande et munie de fortes dents sur les mâchoires, la langue et le palais. Les écailles sont grosses et très visibles, contrairement aux Ombles. La queue est très faiblement fourchue. La tête, le dos et la nageoire dorsale sont marqués de gros points noirs sur fond pâle. Cette caractéristique le distingue facilement des ombles et du Touladi. Sa queue est rarement tachetée de points noirs, par opposition aux saumons du Pacifique et à la Truite arc-en-ciel. L'absence de halo autour des points le distingue de la Truite brune. Sa coloration varie du bleu au bleu-gris sur le dos et ses flancs sont argentés. Les adultes en saison de frai

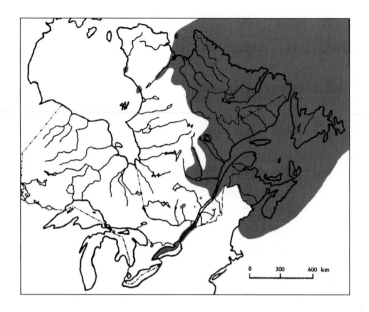

prennent une teinte de bronze ou de brun foncé et les mâles sont marqués de points rouges sur les flancs. Les flancs des jeunes saumons sont marqués de 7 à 11 barres verticales ou marques digitales.

Habitat   Jeunes saumons en rivières de moyenne à grande dimension aux eaux fraîches, à fond graveleux et à courant modéré. Adultes en eaux côtières, haute mer, et grands lacs dans les cas des populations cantonnées en eau douce. Rivières en saison de reproduction.

Biologie   Le Saumon atlantique est le poisson anadrome typique. Il vit et croît en eau salée et fraie en eau douce. La migration en rivière vers les frayères peut commencer au printemps et se poursuivre tard à l'automne. Il cesse alors de s'alimenter même s'il conserve le réflexe de mordre aux leurres. Le frai a lieu en octobre et novembre. C'est la femelle qui choisit l'emplacement du frai qui consiste habituellement en un radier graveleux localisé dans le courant à une profondeur de 0,5 à 3 m. C'est elle également qui creuse le nid. Les oeufs sont de taille considérable (5 à 7 mm de diamètre), et leur nombre varie de 1 500 à 1 800 par kilo de poids de la femelle. Ils sont fécondés par le mâle puis recouverts soigneusement de gravier et de cailloux. Chez certaines populations, il existe des petits mâles, à l'allure immature, mesurant tout au plus 15 cm, qui participent à la reproduction en se faufilant dans le nid à l'insu des grands mâles. Après le frai, plusieurs adultes mourront. Les autres, constituant seulement 5 à 34% du nombre des reproducteurs, sont épuisés et se reposent en rivière avant de retourner en mer. À ce stade on les nomme «charognards» ou «Saumons noirs». Les oeufs éclosent en avril mais les jeunes demeurent ensevelis dans le gravier jusqu'en mai ou juin, puisant leur énergie des réserves emmagasinées dans leur sac vitellin. Après l'émergence, les jeunes saumons, ou alevins, demeurent dans le courant jusqu'à ce qu'ils aient atteint une longueur de 6,5 cm. À ce stade ils sont marqués de barres verticales sur les flancs et on les nomme **tacons**. Les tacons croissent lentement et atteignent une longueur de 12 à 15 cm vers l'âge de 2 ou 3 ans. Leurs marques disparaissent et ils se parent d'une livrée argentée. Ils sont physiologiquement prêts pour le départ en mer. Ce sont alors des **saumonneaux**. Généralement après 1 an ou deux mais parfois plus, ils reviendront frayer dans leur rivière

Saumonneau

d'origine; on les surnommera alors **grilses**. Par sa fantastique faculté de mémoriser l'odeur de sa rivière natale lorsqu'il est jeune, il peut, à l'âge adulte, reconnaître cette odeur et retrouver son lieu d'origine. Dans le cas des populations cantonnées en eau douce, comme par exemple la Ouananiche du lac Saint-Jean au Québec, les adultes quittent le lac et remontent ses tributaires pour le frai. Le Saumon atlantique vit rarement plus de 10 ans. Les jeunes, en rivière, se nourrissent principalement d'insectes. Ils sont la proie de nombreux prédateurs tels que le Martin-pêcheur, les Becs-scies et l'Anguille. Les adultes se nourrissent avant tout de petits poissons comme le Hareng, l'Éperlan, le Capelan et le Lançon.

Commentaires   Ce magnifique poisson est un objet de vénération depuis l'Antiquité. L'habileté et l'énergie qu'il déploie pour franchir des chutes d'eau et autres obstacles durant sa remontée sont presque légendaires. Malheureusement, la pollution croissante des cours d'eau, les pluies acides, l'érection de barrages sans échelle à poissons, le braconnage et la surexploitation sont autant de facteurs qui ont grandement porté préjudice à l'espèce et qui sont responsables de la disparition de plusieurs populations, parfois très importantes, comme celles qui existaient jadis dans le lac Ontario. La concertation et la coopération entre différents intervenants sont une condition essentielle pour assurer la survie du Saumon atlantique, poisson aussi cher aux fins gastronomes qu'aux pêcheurs et scientifiques. Le record nord-américain officiel de pêche à la ligne est un spécimen pesant 25,2 kg, capturé dans la rivière Grande-Cascapédia au Québec en 1939. Cependant, un Saumon atlantique mesurant 1,74 m de longueur, 74 cm de tour de taille et dont le poids a été estimé à 32,5 kg a été capturé puis relâché dans la rivière Restigouche en 1990. Le record mondial est un spécimen mesurant 1,3 m et pesant 35,9 kg, capturé en Norvège en 1928.

Truite brune

Salmo trutta
Brown Trout

Identification   C'est une espèce d'allure souvent plus trapue que les autres espèces de Salmoninés, mesurant de 30 à
40 cm et pesant de 0,5 à 1 kg; cependant, elle peut atteindre
plus de 7 kg au Québec. La bouche est munie de dents sur
les mâchoires, la langue et le palais. L'extrémité de la nageoire caudale est carrée, jamais fourchue. La Truite brune
se distingue facilement de l'Omble de fontaine et du Touladi par ses taches sombres sur fond pâle et de la Truite arc-
en-ciel par l'absence presque totale de taches sur la queue.
La coloration du corps varie du brun au brun-olive. On observe des taches foncées sur la nageoire dorsale, ainsi que
des taches foncées entourées d'un anneau pâle et des taches
rouille sur les flancs.

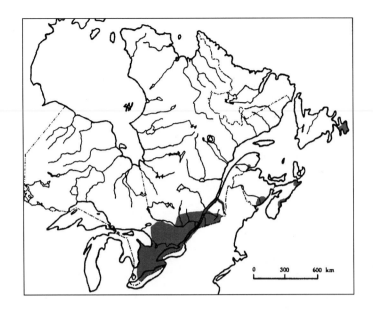

Habitat   Habituellement dans les sections à courant faible et les bassins tranquilles des cours d'eau plutôt que les zones de rapides.

Biologie   Le frai de la Truite brune débute tard à l'automne, généralement en novembre, après celui de l'Omble de fontaine. Comme l'Omble de fontaine, elle recherche des eaux peu profondes à la tête des cours d'eau où elle peut creuser un nid dans le gravier. Les oeufs ont un diamètre d'environ 0,5 cm et sont d'une couleur ambrée. Le régime alimentaire de la Truite brune varie selon la taille. Chez les individus de moins de 30 cm il est composé principalement d'insectes alors que les grands spécimens s'alimentent surtout de diverses espèces de poissons.

Commentaires   Originaire d'Europe et d'Asie, la Truite brune a été introduite dans plusieurs cours d'eau du Québec dès 1890, et elle se reproduit naturellement dans nombre d'entre eux. Elle supporte des températures plus élevées que les autres espèces de truites et d'ombles, et semble plus tolérante à l'altération humaine des cours d'eau. La Truite brune a la réputation d'être difficile à capturer à la ligne. Le record de taille et de poids est de 103 cm et 17,8 kg et le record officiel de pêche sportive est un spécimen pesant 16,3 kg, capturé en Argentine en 1952.

Omble de fontaine

Truite mouchetée, Truite de mer, Truite de ruisseau,
Truite saumonée
Salvelinus fontinalis
Brook Charr

Identification   L'Omble de fontaine a la forme caractéristique des Salmonidés; il mesure en moyenne entre 20 et
30 cm mais peut atteindre une taille plus considérable dans
plusieurs plans d'eau. La bouche est grande et munie de
dents sur les mâchoires, la langue et le palais. L'extrémité
de sa nageoire caudale est typiquement carrée ou très légèrement fourchue, ce qui le différencie de l'Omble chevalier
et du Touladi. Il se distingue également de ces derniers par
des motifs marbrés très apparents sur les nageoires dorsale,
caudale ainsi que sur le dos. Il se différencie des truites et
saumons par ses taches pâles sur fond sombre. La coloration générale est extrêmement variable selon l'habitat. Le
dos des individus d'eau douce va du vert olive au noir et
les flancs sont généralement marqués de points rouges cer-

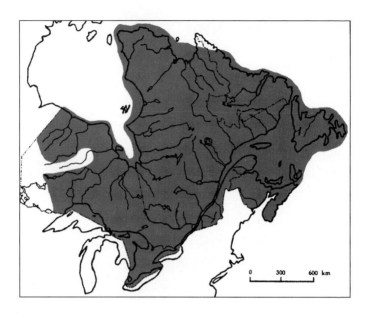

nés de bleu. Les individus anadromes sont argentés avec quelques taches rouges.

Habitat   Eaux fraîches, claires et bien oxygénées des ruisseaux, rivières et lacs. Recherche généralement les températures inférieures à 20°C. Populations anadromes également dans les estuaires et les eaux marines côtières.

Biologie   Le frai de l'Omble de fontaine a lieu d'octobre à décembre au sud de son aire de répartition mais débute en août dans l'extrême nord. Les adultes peuvent effectuer des migrations de plusieurs kilomètres en rivière afin d'atteindre les frayères situées dans les secteurs graveleux de la tête des cours d'eau. La femelle creuse un nid et y dépose ses gros oeufs dont le nombre varie de 100 à 5 000 selon sa taille. Après fécondation, les oeufs sont recouverts de gravier. Ils éclosent 50 à 100 jours plus tard et les alevins d'environ 4 cm émergent du gravier au printemps. La longévité de l'Omble de fontaine en milieu naturel dépasse rarement 12 ans. L'Omble de fontaine est carnivore et son régime très varié inclut vers, crustacés, insectes, araignées et plusieurs espèces de poissons. De nombreux cas de cannibalisme ont été rapportés chez cette espèce.

Commentaires   L'Omble de fontaine est l'un des poissons d'eau douce les plus colorés. Sa beauté, son instinct combatif et l'excellence de sa chair en font l'une des espèces sportives les plus estimées et recherchées. Le record de pêche est un spécimen mesurant 86 cm et pesant 6,6 kg, capturé en 1916 en Ontario. En plus des innombrables populations naturelles originales, l'Omble de fontaine a été introduit dans maints cours d'eau, tant nord-américains qu'européens, et plusieurs populations sont maintenues par des programmes d'ensemencement intensif. La pêche en étang privé est également de plus en plus populaire. L'Omble de fontaine mâle peut être croisé avec le Touladi femelle pour produire la Truite moulac. Les populations anadromes d'Omble de fontaine sont ordinairement connues sous le nom de Truite de mer.

Touladi

Truite grise, Truite de lac, Omble gris
Salvelinus namaycush
Lake Charr

Identification   Le Touladi est de forme plus allongée que les autres ombles, truites et saumons. C'est le plus gros représentant de la famille des Salmonidés. Sa longueur et son poids normaux sont de 40 à 50 cm et de 0,5 à 1,5 kg. Des individus de plus de 5 kg ne sont cependant pas exceptionnels. Sa tête est trapue, et sa grande bouche est munie de dents sur les mâchoires, la langue et le palais. La nageoire caudale profondément fourchue et les taches crème sur fond grisâtre à noir répandues sur tout le corps le distinguent facilement des autres Salmonidés. Il n'est pourvu d'aucune tache rouge.

Habitat   Eaux froides sous la thermocline des lacs profonds au sud de son aire de répartition pendant la saison estivale. Se retrouve en surface et à toutes profondeurs à partir du frai à l'automne jusqu'au printemps. Également

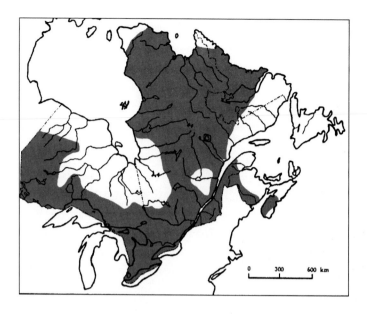

dans les lacs peu profonds et les rivières plus au nord. Incursions occasionelles en eaux saumâtres dans les régions
nordiques.

Biologie   Le frai du Touladi a généralement lieu en octobre mais s'étale de septembre à novembre selon la latitude.
Les frayères sont habituellement associées au fond rocheux
ou caillouteux des lacs se situant entre 0,5 et 12 m de profondeur. Il peut aussi frayer en rivière. Les oeufs sont gros
(0,5 cm) et leur nombre varie de 675 à 3 135 par kg de
poids de la femelle. Après le frai, le Touladi s'éloigne en
sillonnant le lac, souvent à des dizaines de kilomètres dans
les grands plans d'eau. La maturité sexuelle est atteinte à
l'âge de 6 ou 7 ans dans le sud mais pas avant 13 ans dans
certains lacs au nord de l'aire de distribution. Le Touladi
peut vivre plus de 45 ans. Il est carnivore et se nourrit principalement de poissons. Le Cisco, le Corégone, l'Éperlan et
les meuniers sont ses proies préférées. Il peut également
consommer des larves et pupes d'insectes et même du

plancton dans certains plans d'eau. Sa croissance est alors plus lente.

Commentaires   Le Touladi est l'un de nos poissons sportifs les plus importants. Il est principalement pêché à la traîne de surface au printemps et à la traîne de profondeur avec une ligne de métal lorsque la surface de l'eau se réchauffe. Il est particulièrement recherché à cause de la grande taille qu'il peut atteindre. Dans certains lacs, il peut être gigantesque. Ainsi un Touladi de 46,4 kg a été capturé au filet en Saskatchewan en 1961. Un spécimen de 36 kg a été capturé dans le lac Mistassini au Québec. Le record de pêche à la ligne est un Touladi pesant 29,5 kg, capturé en 1970 dans les Territoires du Nord-Ouest. Les lacs facilement accessibles pouvant recéler des spécimens dignes de trophées sont cependant de moins en moins nombreux.

Omble chevalier

Omble rouge du Québec, Truite rouge du Québec
Salvelinus salvelinus
Arctic Charr

Identification   L'Omble chevalier a la forme caractéristique des Salmoninés. Sa longueur normale est de 38 à
46 cm. Sa bouche est grande et munie de dents sur les mâchoires, la langue et le palais. La nageoire caudale nettement fourchue le différencie de l'Omble de fontaine. Il se
démarque également de ce dernier par une coloration uni-
forme du dos et par l'absence de barres noires sur les nageoires. Il se différencie des truites et des saumons par ses
taches pâles sur un fond plus sombre. Sa coloration générale est extrêmement variable selon l'habitat: bleu acier avec
des reflets argentés en eaux marines; vert foncé sur le dos
avec les flancs et le dessous d'un rouge orange très voyant
en eaux douces.

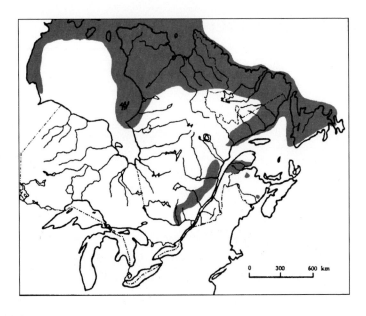

Habitat   Populations anadromes dans les estuaires et régions côtières pour s'alimenter. En lacs et rivières pour se reproduire et hiverner. Populations d'eau douce en eaux froides des lacs profonds.

Biologie   Le frai des populations anadromes du Nord a lieu en septembre et octobre sur les hauts-fonds de gravier ou de roches, généralement en lac mais aussi en rivière. Une femelle pond en moyenne entre 3 000 et 5 000 oeufs d'un diamètre de 0,5 cm. Les jeunes Ombles passent les 5 à 7 premières années de leur vie qu'en eau douce puis descendent vers la mer pour se nourrir pendant la saison estivale. Ils remontent les rivières à l'automne pour hiverner en eau douce au cours des années subséquentes. Le frai des populations d'eau douce plus au sud a lieu plus tard, en novembre et même en décembre. Les individus de ces populations n'atteignent pas une taille aussi grande que celle des poissons anadromes. L'Omble chevalier a un régime alimentaire varié qui inclut petits crustacés, larves d'insectes et plusieurs espèces de poissons. Il peut vivre jusqu'à 40 ans.

Commentaires   De toutes les espèces de poissons d'eau douce, l'Omble chevalier a la distribution la plus nordique. On le trouve dans toutes les eaux arctiques, tant en Amérique qu'en Europe et en Asie. Il représente le poisson de première importance chez toutes les communautés Inuit, tant pour leur alimentation que pour sa valeur économique. Il est également très recherché des pêcheurs sportifs qui lui reconnaissent une vigueur incomparable. La taille record de pêche est un spécimen pesant 14,8 kg capturé dans les Territoires du Nord-Ouest en 1981. La Truite rouge du Québec est la forme d'eau douce de l'Omble chevalier que l'on rencontre dans 88 lacs de la province.

Les saumons du Pacifique

Depuis quelques décennies, certaines espèces de saumons de la côte du Pacifique ont été introduites massivement dans les Grands-Lacs. Certaines d'entre elles, notamment le Saumon Coho (*Oncorhynchus kisutch*) et le Saumon Chinook (*Oncorhynchus tshawytscha)* sont maintenant observées à l'occasion dans les eaux du fleuve Saint-Laurent, en amont de Québec. Un Saumon Chinook de plus de 20 kg a été capturé par un pêcheur commercial de Gentilly. Il est possible que cette espèce se reproduise maintenant dans les eaux québécoises. Le Saumon Coho est essentiellement observé dans la région de Montréal. On peut notamment distinguer les saumons du Pacifique du Saumon atlantique, en comptant le nombre de rayons de la nageoire anale. Les saumons du Pacifique portent de 14 à 16 rayons et le Saumon Atlantique en possède de 8 à 11. De plus, la queue des saumons du Pacifique est nettement marquée de rangées de taches noires qui sont absentes chez le Saumon atlantique. Les saumons du Pacifique peuvent atteindre des tailles considérables. Ainsi le record de pêche sportive officiel pour le Saumon Chinook est un spécimen pesant 44,1 kg capturé en Alaska en 1985 et le Saumon Coho record fut capturé dans un tributaire du lac Ontario en 1989 et pesait 15,1 kg.

Saumon Coho

L'Éperlan - Famille des Osméridés

Les Éperlans sont des poissons argentés au corps allongé dont la répartition circumpolaire se limite à l'hémisphère nord. Apparentés aux Salmonidés, ils possèdent comme eux une nageoire adipeuse. Cependant, ils n'ont pas de procès axillaire (petite excroissance charnue logée à l'insertion des nageoires pelviennes) qui est une caractéristique des Salmonidés. Les Éperlans sont marins, anadromes ou dulçaquicoles selon les espèces. Ce sont généralement des petits poissons, la plupart des 10 espèces existantes mesurant moins de 20 cm. Ce sont des prédateurs voraces qui se nourrissent surtout de petits poissons et de zooplancton.

Espèces présentes au Québec : 1

Éperlan arc-en-ciel

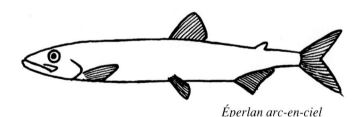

Éperlan arc-en-ciel

Éperlan arc-en-ciel

Éperlan, Éperlan d'Amérique
Osmerus mordax
Rainbow Smelt

Identification   Le corps de l'Éperlan est allongé et mince. Sa longueur varie habituellement entre 18 et 20 cm mais peut atteindre 35 cm. Les Éperlans de certaines populations naines ne dépasse pas 10 cm. Une nageoire adipeuse est présente, la nageoire dorsale prend naissance au niveau des nageoires pelviennes, et la nageoire caudale est fourchue. Sa tête est effilée et sa grande bouche est munie de dents bien développées. La coloration est argentée, vert pâle sur le dos, à reflets irisés sur les flancs. Les Éperlans qui vivent en eau douce sont souvent plus foncés que la forme anadrome.

Habitat   Zone pélagique des lacs, estuaires et régions marines côtières. Petits cours d'eau aux eaux vives en période du frai.

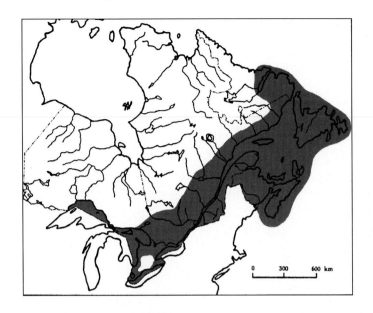

Biologie   Le frai de l'Éperlan a généralement lieu en mai, parfois en juin. Les populations anadromes quittent la mer et les estuaires pour remonter les cours d'eau peu après la débâcle. Les populations vivant en eau douce remontent les tributaires ou encore fraient près des rives des lacs. Le point culminant du frai dure environ une semaine. Le frai a généralement lieu la nuit en eau rapide. Les femelles peuvent pondre de 8 000 à 69 000 oeufs adhésifs qui se fixent sur le gravier peu après leur expulsion. Les oeufs mettent environ 7 à 10 jours pour éclore. L'Éperlan peut frayer dès l'âge de deux ans. C'est un carnivore qui se nourrit d'une grande variété d'organismes, notamment, plusieurs invertébrés (crustacés, insectes et vers) et poissons (Corégones, Ménés, Perchaude, Poulamon). Il est la proie préférée du Touladi et de la Ouananiche mais il est aussi pourchassé par l'Omble de Fontaine, la Lotte, le Doré et la Perchaude.

Commentaires   Au Québec, l'Éperlan fait l'objet d'une pêche commerciale et sportive, particulièrement dans le fleuve Saint-Laurent. La pêche à l'Éperlan sur les quais de

73

Charlevoix et de la Gaspésie est fort populaire. Autrefois, la pêche automnale sur les quais était également une activité de loisir très importante dans la grande région de Québec. Il était également capturé en grand nombre dans les frayères au printemps. L'abondance de l'Éperlan du fleuve a cependant subi une baisse dramatique depuis une vingtaine d'années, les prises passant de 35 tonnes en 1965 à moins de 1 tonne en 1984. Il semble que la destruction d'importantes frayères, comme celles de la rivière Boyer sur la rive sud du fleuve suite à l'envasement et à la détérioration de la qualité de l'eau, soit beaucoup plus responsable de ce déclin que la surexploitation.

L'Umbre - Famille des Umbridés

Les Umbres sont de petits poissons au corps allongé, cylindrique en coupe transversale, et à queue arrondie. Ce sont des prédateurs qui se nourrissent d'invertébrés qu'ils chassent à l'affût sur le fond. Les Umbres sont très résistants aux extrêmes de la température et il sont capables de respirer l'oxygène de l'air par leur vessie gazeuse. Il en existe 5 espèces dans le monde.

Espèces présentes au Québec : 1

Umbre de vase

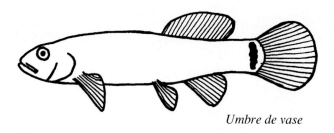

Umbre de vase

Umbre de vase

Umbra limi
Central Mudminnow

Identification   L'Umbre de vase est un petit poisson au corps allongé qui mesure en moyenne de 5 à 10 cm. Sa queue est arrondie. Sa tête est large et légèrement aplatie. La nageoire dorsale prend naissance loin derrière le corps, presque au niveau de la nageoire anale. Sa coloration générale est brune avec des taches brun foncé qui peuvent former des barres verticales. Cette coloration le distingue nettement du Fondule barré qui lui ressemble par son allure générale mais qui a le corps verdâtre.

Habitat   Eaux claires des étangs à végétation dense, fosses de petits ruisseaux au fond vaseux et tapissé de matière organique.

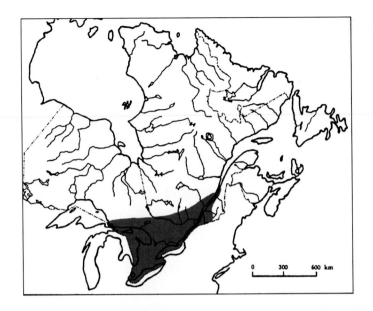

Biologie L'Umbre de vase fraie au début du printemps dans les zones à végétation des ruisseaux. Les femelles pondent de 200 à 2 000 oeufs adhésifs. Il possède des adaptations physiologiques qui lui permettent de résister à de grands écarts de température. Il peut entre autres respirer l'oxygène atmosphérique. Il est carnivore et se nourrit surtout de petits invertébrés vivant sur le fond.

Commentaires L'Umbre de vase tient son nom de sa capacité de s'enfouir dans la vase ou les débris organiques lorsqu'il est en danger ou encore pour survivre à la sécheresse. De nature tolérante, il peut être facilement gardé en aquarium.

Les Brochets et le Maskinongé
- Famille des Ésocidés

Les brochets représentent une famille de poissons typiquement spécialisée pour la prédation. Leur corps fuselé, leur masse musculaire importante et leurs nageoires dorsale et anale insérées loin en arrière leur permettent une forte accélération. Leur bouche est grande et garnie de grosses dents sur les mâchoires, le palais et la langue. Ce sont des carnivores qui se nourrissent avant tout de poissons à l'âge adulte. Le nombre de pores sensoriels situés sous la mâchoire inférieure et la coloration particulière sont des caractères visibles qui aide à différencier les espèces de brochets. Les Brochets vivent dans les zones herbeuses des petits cours d'eau, rivières, étangs, lacs et même en eau saumâtre à l'occasion. Il en existe 5 espèces dans le monde dont une seule, le Grand Brochet, se rencontre en Europe et en Asie, les autres étant confinées à l'est de l'Amérique du Nord.

Espèces présentes au Québec: 5

Brochet d'Amérique
Brochet vermiculé
Grand Brochet
Maskinongé
Brochet maillé

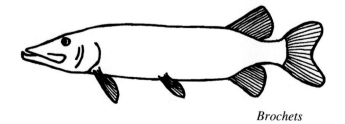

Brochets

Brochet d'Amérique

Brochet des marais
Esox americanus americanus
Redfin Pickerel

Identification   Ce petit brochet, au corps long et cylindrique, mesure habituellement entre 15 et 20 cm et ne dépasse pas 30 cm. Il se différencie du Grand Brochet et du Maskinongé par les 4 pores situés de chaque côté de la mâchoire inférieure, comparativement aux 5 et plus de 6 chez ces espèces. Son museau plus court et son profil légèrement bossu le distinguent du Brochet vermiculé et du Brochet maillé. Sa coloration est également particulière. C'est le seul brochet qui arbore des nageoires aux couleurs vives pouvant varier du rouge à l'orange. Le dos et les flancs sont généralement bruns marqués de nombreuses bandes verticales plus foncées. Une barre noire verticale est bien évidente sous l'oeil.

Habitat   Eaux chaudes, peu profondes, tranquilles et à végétation dense.

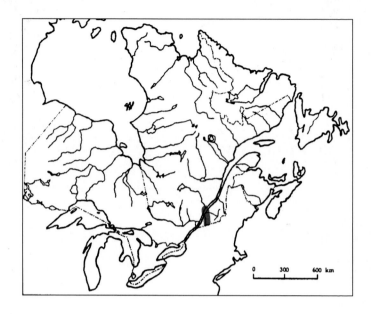

Biologie   Le frai du Brochet d'Amérique a lieu tôt au printemps, habituellement en avril, dans les zones peu profondes à végétation submergée. Le nombre d'oeufs pondus varie en moyenne de 180 à 540 bien que le nombre total d'oeufs produit par une femelle puisse être beaucoup plus élevé. L'âge maximal atteint est probablement de 5 à 7 ans. Les jeunes de l'année se nourrissent d'invertébrés de toutes sortes alors que le régime des individus plus âgés est constitué de plancton, de larves d'insectes et de poissons.

Commentaires   Le Brochet d'Amérique est un poisson discret que l'on observe rarement. Sa biologie est encore très peu connue. Son aire de distribution ayant considérablement diminué à la suite à la destruction de son habitat, il est aujourd'hui l'un de nos poissons les moins communs. Il fait l'objet d'une pêche sportive aux États-Unis. Le record de pêche à la ligne est un spécimen pesant 0,9 kg, capturé dans l'état de New York en 1988.

Brochet vermiculé

Esox americanus vermiculatus
Grass Pickerel

Identification   C'est un petit brochet au corps fuselé, mesurant ordinairement entre 15 et 20 cm. Les pores au-dessous des mâchoires sont habituellement au nombre de 4. La coloration varie du vert pâle au vert foncé. Les flancs sont tigrés de bandes verticales allant de l'olive au noir. Une barre noire horizontale et une autre verticale sont bien évidentes en avant et en dessous de l'oeil respectivement. Sa coloration le différencie des autres espèces de brochets. Il se distingue du Brochet d'Amérique, avec lequel il peut être confondu, par le profil de son museau plus long et concave.

Habitat   Cours d'eau à courant faible des terres basses et lacs à végétation dense.

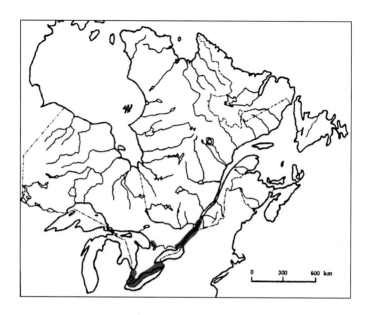

Biologie Le frai du Brochet vermiculé a lieu tôt au printemps sur les rives inondées des cours d'eau où la végétation est abondante. Une femelle pond environ 15 000 oeufs adhésifs qui se fixent à la végétation. Le Brochet vermiculé est un poisson adapté aux températures élevées, sa préférence étant 26°C. Il est presque essentiellement piscivore mais des écrevisses et des insectes aquatiques composent son menu à l'occasion.

Commentaires Le Brochet vermiculé est le plus petit brochet habitant nos eaux. C'est un poisson discret que l'on a rarement la chance d'observer. Sa distribution est très restreinte et c'est l'une des espèces les plus rares dans nos eaux.

Grand Brochet

Grand Brochet du Nord, Brochet, Brochet commun
Esox lucius
Northern Pike

Identification   Le Grand Brochet est un poisson de bonne taille, au corps très long. Il mesure ordinairement entre 50 et 75 cm et pèse de 1 à 2 kg mais peut atteindre une taille beaucoup plus considérable. La mâchoire inférieure dépasse le bout du museau. La face ventrale des mâchoires est perforée chaque côté de 5 pores, ce qui le distingue du Maskinongé qui en a plus de 6 et des 3 autres espèces qui en ont 4. C'est le seul brochet dont la moitié inférieure de l'opercule ne porte pas d'écailles. Sa coloration est typique et constituée de taches pâles sur un fond verdâtre ou gris sombre, par opposition au Maskinongé qui a des taches sombres sur un fond pâle. Les écailles sont décorées d'une petite tache dorée à leur extrémité. Les nageoires sont tachetées de noir.

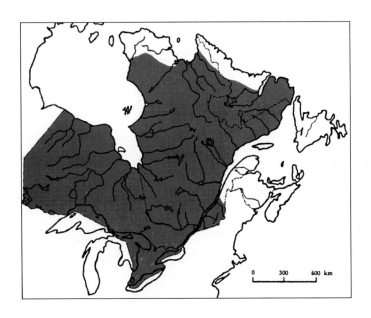

Habitat   Eaux peu profondes à végétation dense des rivières lentes, baies chaudes et herbeuses des lacs et des réservoirs. Parfois en profondeur pendant les chaleurs estivales.

Biologie   Le Grand Brochet fraie dès la fonte des glaces, habituellement en avril et mai, sur les rives inondées à végétation dense des rivières, ainsi que dans les baies des lacs. Selon sa taille, une femelle pond entre 3 000 et 600 000 oeufs qui, éparpillés au hasard, adhèrent à la végétation. L'âge de la maturité varie selon le sexe et la latitude. Les femelles deviennent matures entre 3 et 6 ans et les mâles entre 2 et 5 ans. Le Grand Brochet croît plus rapidement dans le sud de sa distribution où il atteint un âge maximal de 10 à 12 ans. Par contre, la longévité peut atteindre 25 ans chez les populations du Nord. Il se nourrit presque essentiellement de poissons tels que Perchaude, meuniers, crapets et ménés. Il peut également consommer insectes, écrevisses, et à l'occasion des vertébrés tels que grenouilles, souris, rats musqués et cannetons. Pour chaque livre d'accroissement en poids, il doit consommer approximativement 2 à 3 kg de nourriture. Il semble qu'en raison de plusieurs phénomènes biologiques, le Grand Brochet réussit mieux que le Maskinongé dans les endroits où on les retrouve ensemble.

Commentaires Le Grand Brochet est le poisson d'eau douce qui a la plus vaste répartition mondiale. Il est très répandu en Amérique, en Europe et en Asie. C'est un poisson de grande valeur, tant pour la pêche sportive que pour la pêche commerciale. Dans plusieurs plans d'eau, notamment dans les réservoirs récemment remplis d'eau, le Grand Brochet est particulièrement vulnérable car des métaux lourds tels que le mercure peuvent s'accumuler dans sa chair. Le remblayage de terres humides a malheureusement détruit plusieurs sites de frai potentiels pour l'espèce. Le Grand Brochet peut être croisé naturellement ou artificiellement avec le Maskinongé. L'hybride qui en résulte est connu sous le nom de «tiger muskie». Il existe aussi chez nous une variété du Grand Brochet connu sous le nom de Brochet bleu. Il est unique en ce sens qu'il n'a aucune tache pâle sur les flancs. Sa coloration va du bleu métallique à argent brillant. Le record nord-Américain officiel de pêche à la ligne d'un Grand Brochet est un spécimen qui mesurait 1,3 m et pesait 21 kg. Le record mondial est un spécimen pesant 25 kg, capturé en Allemagne en 1986.

Maskinongé

Esox masquinongy
Muskellunge

Identification   Le Maskinongé est un poisson de grande
taille au corps allongé et modérément comprimé latéralement. Les individus les plus souvent capturés mesurent
entre 70 et 120 cm et pèsent entre 2,5 et 16 kg. La tête est
longue et aplatie. La bouche est munie de fortes mâchoires
et de nombreuses dents très coupantes. Le dessous de la
mâchoire inférieure est perforé de 6 à 9 pores bien visibles
de chaque côté, ce qui le distingue de tous les autres brochets. Les joues (préopercules) ne portent pas d'écailles sur
leur moitié inférieure alors qu'elles en sont complètement
recouvertes chez le Grand Brochet. La coloration est souvent brillante et varie du vert or au brun pâle. À l'opposé
du Grand Brochet, le Maskinongé est caractérisé par des
taches sombres sur un fond pâle.

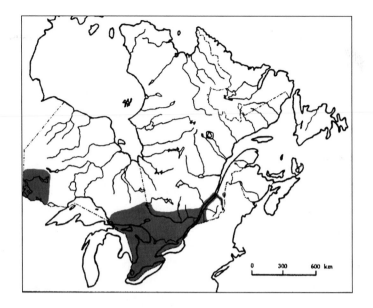

Habitat   Zones peu profondes et à végétation dense des lacs et des rivières à faible courant. Parfois au large et plus en profondeur pendant les chaleurs estivales.

Biologie   Le Maskinongé fraie au printemps, un peu plus tard que le Grand Brochet, ordinairement de la fin avril au début juin. Il recherche avant tout les eaux peu profondes (35 à 50 cm), dans les endroits inondés à végétation dense. Une femelle de taille moyenne pond environ 100 000 oeufs qui sont éparpillés au hasard dans la végétation. Les jeunes Maskinongés croissent très rapidement et peuvent atteindre 30 cm à la fin de l'automne de leur première année. Les femelles croissent plus rapidement que les mâles et vivent plus longtemps de sorte que les records de pêche sont presque toujours des femelles. Les spécimens capturés ont en général entre 3 et 15 ans mais le Maskinongé peut vivre jusqu'à 30 ans. C'est un poisson solitaire, chassant à l'affût parmi la végétation. Il est avant tout piscivore et son menu se compose d'une grande variété d'espèces telles que Perchaude, meuniers, ménés, barbottes et crapets. Il ingère à

87

l'occasion une panoplie d'autres organismes comprenant écrevisses, grenouilles, souris, rats musqués et plusieurs espèces d'oiseaux.

Commentaires   Le Maskinongé est notre plus grand poisson d'eau douce, mis à part les Esturgeons. Le record officiel de pêche à la ligne est un spécimen de 1,64 m pesant 31,7 kg, capturé dans le fleuve Saint-Laurent en 1957. Cependant des individus dépassant 45 kg ont été rapportés non officiellement dans le passé. Le Maskinongé est un poisson combatif des plus fascinants et des plus estimés. Il fournit un combat acharné et n'abandonne souvent la lutte qu'après plusieurs minutes et de multiples bonds hors de l'eau. La pêche au Maskinongé exige beaucoup de patience. On estime à 100 le nombre d'heures requises pour la capture d'un seul individu de taille adulte. Le Maskinongé peut être croisé naturellement ou artificiellement avec le Grand Brochet. L'hybride qui en résulte est connu sous le nom de «tiger muskie». Une partie importante de l'habitat du Maskinongé dans le fleuve Saint-Laurent a été détruite par le remblayage des terres humides.

Brochet maillé

Esox niger
Chain Pickerel

Identification   Ce petit brochet mesure habituellement entre 30 et 50 cm et ne dépasse pas 78 cm. Sa tête a un profil long et concave. Ses joues sont complètement recouvertes d'écailles. Quatre pores perforent la face ventrale des mâchoires inférieures sur chaque côté. La coloration varie du vert foncé sur le dos au vert doré sur les flancs qui sont marqués de surfaces pâles interrompues par des bandes foncées qui se joignent et ressemblent aux mailles d'une chaîne. Ces caractéristiques le distinguent nettement des autres espèces de brochets.

Habitat   Lacs, étangs, cours d'eau propres, peu profonds, à courant faible, et à végétation dense. Plus rarement en lacs aux eaux profondes et avec peu de végétation.

Biologie   Le Brochet maillé, comme toutes les espèces de brochets, fraie tôt au printemps, ordinairement en avril et

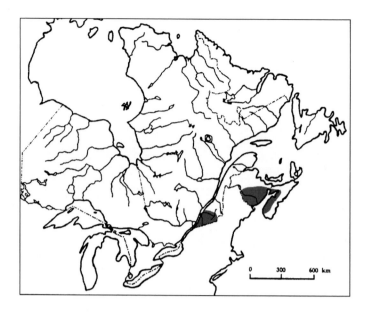

mai, parmi les herbes des rives inondées des lacs et des rivières. Une femelle de taille moyenne pond entre 6 000 et 8 000 oeufs retenus entre eux par un cordon gélatineux. C'est un prédateur vorace et avant tout piscivore, se nourrissant entre autres de Ménés, Crapets, Barbottes et Perchaudes.

Commentaires   Le Brochet maillé est l'un des poissons sportifs les plus importants dans les États de la côte est américaine. Chez nous, on le capture essentiellement dans les Cantons de l'Est. Le record mondial de pêche à la ligne est un spécimen mesurant 78 cm et pesant 4,25 kg, capturé en Georgie en 1988.

Les Ménés ou Cyprins
- Famille des Cyprinidés

Les Cyprinidés forment la plus importante famille de poisson au monde. Elle regroupe plus de 2 000 espèces distribuées en Europe, Asie, Afrique et Amérique du Nord. Malgré leur très grande diversité, les Cyprins de nos eaux ont à peu près tous la même allure. Le corps est fusiforme, les yeux relativement grands, et la bouche, petite, est dirigée vers l'avant, ou légèrement vers le bas. Les mâchoires sont dépourvues de dents. Les écailles sont en général apparentes et recouvrent tout le corps sauf la tête. La queue est presque toujours fourchue, parfois équarrie, mais jamais arrondie. Une seule nageoire dorsale est située à peu près au milieu du corps. La coloration du corps est souvent argentée. Chez plusieurs espèces, surtout chez les jeunes individus, une large bande noire traverse le corps sur toute sa longueur, de la tête à la queue. Plusieurs espèces, comme par exemple le Tête rose, se parent de couleurs très vives durant la reproduction, rivalisant de beauté avec leurs cousins tropicaux. La plupart des Ménés mesurent moins de 10 cm mais certains, comme la Carpe et la Ouitouche, atteignent de grandes tailles. Les Cyprins habitent exclusivement les eaux douces et tolèrent très peu l'eau salée, se limitant occasionnellement à des incursions sporadiques en eau saumâtre. Ils sont en général des prédateurs essentiellement diurnes.

Les Cyprins jouent un grand rôle écologique du fait qu'ils constituent la base alimentaire de nombreuses espèces de poissons et d'oiseaux. Leur utilisation en tant que poisson-appât à la pêche sportive leur confère également une grande valeur économique. Certaines espèces, telles que la Carpe et la Ouitouche, sont elles-mêmes l'objet de pêche sportive. Ce sont, pour la plupart, des espèces prolifiques s'adaptant facilement à un nouveau milieu. Pour ces raisons, l'introduction préméditée ou accidentelle de quelques individus seulement peut causer un tort parfois irréparable aux populations d'espèces plus convoitées, telle la Truite mouchetée. Il est donc très important d'éviter le transport des Cyprins dans un nouveau milieu.

Un peu de nomenclature

Les Cyprinidés sont connus chez nous sous plusieurs noms communs tels que Poisson blanc, goujon, mulet et méné. Ces termes portent souvent à confusion puisqu'un même nom peut identifier des espèces différentes et de différentes régions. Dans d'autres cas, les noms sont donnés de façon erronée à certaines espèces. Ainsi, le terme Carpe est fréquemment utilisé pour désigner les meuniers et les suceurs, qui font partie des Catostomidés. En fait, ce nom s'applique seulement à la véritable Carpe qui a été importée de France et que l'on appelle souvent Carpe d'Europe ou Carpe allemande. L'expression générique «poisson blanc» porte également à confusion. On l'utilise fréquemment pour désigner deux groupes de poissons complètement différents, soient les corégones, qui sont des Salmonidés et n'ont donc rien à voir avec les cyprins, et tous les Cyprinidés argentés, particulièrement les grandes espèces, comme la Ouitouche. Les deux groupes pouvant coexister dans un même plan d'eau, l'utilisation de leur nom respectif plutôt que «poisson blanc» peut éliminer bien des problèmes d'identification. Le terme «goujon» est un autre nom fréquemment utilisé pour désigner plusieurs espèces différentes. En fait, le goujon est une espèce de cyprins d'Europe complètement absente de nos eaux. Il ne s'applique donc à aucune espèce vivant au Québec. Enfin, le nom «méné» est généralement donné à tout ce qui existe de petits poissons et ce, peu importe la famille. Ce nom devrait strictement désigner certaines espèces de cyprins, comme nous le verrons dans les pages suivantes qui traitent des 26 espèces de Cyprinidés habitant nos eaux.

Espèces présentes au Québec: 26

Carassin
Méné de lac
Carpe
Bec-de-lièvre
Méné laiton
Méné d'argent
Méné jaune
Méné émeraude
Méné d'herbe
Méné à nageoires rouges
Menton noir
Museau noir
Queue à tache noire
Tête rose
Méné bleu
Méné paille
Méné pâle
Ventre rouge du Nord
Ventre citron
Ventre-pourri
Tête-de-boule
Naseux noir
Naseux des rapides
Mulet à cornes
Ouitouche
Mulet perlé

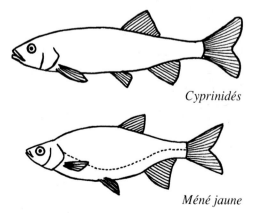

Cyprinidés

Méné jaune

Carassin

Poisson doré, Poisson rouge
Carassius auratus
Goldfish

Identification   Le Carassin correspond à la même espèce que le «poisson rouge» d'aquarium. À l'état sauvage, l'allure générale du corps ressemble à celle de la Carpe. Le corps est trapu et robuste, de longueur variant entre 12 et 25 cm. Les écailles sont grandes et la nageoire dorsale est longue. Contrairement à la Carpe, sa bouche ne porte pas de barbillons. La couleur du Carassin à l'état sauvage est moins variable que chez les individus d'élevage. Elle varie habituellement du vert olive au doré.

Habitat   Étangs, petits lacs aux eaux chaudes, peu profondes, riches en végétation et à fond vaseux.

Biologie   Le Carassin fraie en mai et juin dans les endroits herbeux, chauds et peu profonds. Les oeufs sont visqueux

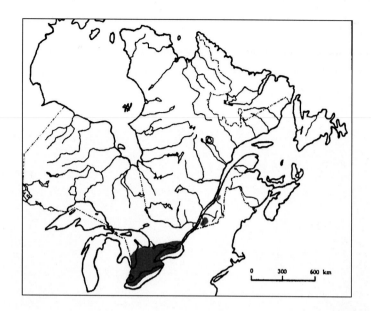

et adhèrent aux plantes. La nourriture consiste principalement en végétaux et larves d'insectes. Sa croissance est très variable mais les Carassins sauvages atteignent des tailles plus grandes que les individus gardés en aquarium.

Commentaires Le Carassin n'est pas une espèce native de nos eaux, mais est originaire de Chine. Chez nous, les populations sauvages sont rares et toutes issues de spécimen d'élevage. C'est une espèce largement utilisée pour les études biologiques en laboratoire.

Carpe

Carpe allemande, Carpe européenne, Carpe miroir, Carpe cuir
Cyprinus carpio
Carp

Identification   La Carpe est un poisson au corps trapu et robuste qui atteint de grandes tailles. Dans nos eaux, elle mesure en moyenne entre 38 et 45 cm et pèse de 1 à 2 kg. Il n'est cependant pas rare d'observer des individus de 5 kg et bien davantage. Elle se distingue facilement par la présence d'une paire de barbillons (un long et un court) de chaque côté de la bouche. De plus, sa nageoire dorsale est longue et précédée par une forte épine dentée. Son corps est recouvert de grosses écailles, à peu près toutes de même grosseur. Certaines Carpes ont la peau nue par endroit alors que d'autres sont presque entièrement dépourvues d'écailles; on les appelle alors Carpe miroir ou Carpe cuir. L'adulte est généralement de couleur brunâtre ou vert olive sur le dos et plutôt jaunâtre sur les flancs et le ventre.

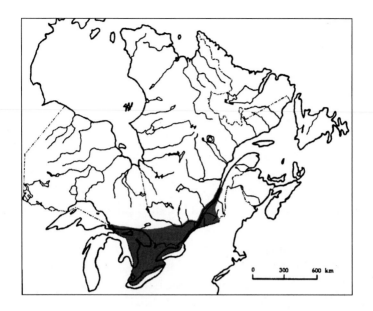

Habitat   Très varié: rivières aux eaux stagnantes ou à courant lent, lacs, étangs aux eaux claires ou turbides à fond vaseux ou argileux et à végétation dense. Plus commun dans les eaux chaudes. Incursions occasionnelles en eaux saumâtres.

Biologie   Le frai a lieu de mai à juillet, généralement en eau tranquille herbeuse et peu profonde, comme par exemple les plaines alluviales. Une température de l'eau d'au moins 17°C est nécessaire pour déclencher le frai. L'acte reproducteur est accompagné d'éclaboussements énergiques et de bonds fréquents hors de l'eau. Le nombre d'oeufs pondus peut varier de 36 000 chez une femelle de 1 kg, à plus de 2 millions chez une grosse femelle de 10 kg. Les oeufs adhèrent à la végétation. La durée de vie maximale dans nos eaux est d'environ 20 ans. Le régime alimentaire de la Carpe est très diversifié et inclut petits mollusques, crustacés, vers, larves d'insectes, algues, graines de plantes aquatiques et, occasionnellement, d'autres poissons. Les Carpes se nourrissent en remuant les sédiments.

Commentaires   La Carpe est originaire d'Asie. Elle a été introduite en Europe il y a plusieurs siècles, puis en Amérique du Nord à la fin du XIXᵉ siècle. Espèce très tolérante et prolifique, elle a depuis lors colonisé plusieurs plans d'eau, et particulièrement des milieux impropres à plusieurs autres poissons. Elle est généralement considérée indésirable pour plusieurs raisons. En plus de déloger les populations d'espèces de poissons natives d'un plan d'eau particulier, son habitude de fourrager les fonds vaseux en quête de nourriture peut troubler les eaux et déraciner la végétation aquatique qui sert souvent d'abri à d'autres poissons ou de nourriture aux canards. Chez nous, elle est dédaignée par la majorité des pêcheurs sportifs. Néanmoins, les Carpes de grande taille, comme le spécimen de 34,4 kg capturé en France en 1987, peuvent rivaliser d'ardeur avec des espèces plus nobles. Elle est l'objet d'une pêche commerciale importante dans certaines régions, notamment dans le lac Érié, en Ontario.

Méné de lac

Couesius plumbeus
Lake Chub

Identification Le Méné de lac est un cyprin de taille relativement grande, mesurant en moyenne 10 cm mais pouvant excéder 20 cm. Le corps est élancé. Les écailles sont
petites mais bien visibles. Il porte un très petit barbillon
près de chaque coin de la bouche. De par sa taille et son
aspect général, il peut ressembler au Mulet à cornes et au
Mulet perlé. Il se différencie de ces deux espèces par sa tête
plus petite et son museau effilé qui surplombe légèrement
la bouche. Il ne porte jamais de tache noire à la base antérieure de la nageoire dorsale, trait caractéristique du Mulet
à cornes. De plus, sa nageoire dorsale est située à peu près
vis-à-vis les nageoires pelviennes alors qu'elle est située
plus vers l'arrière chez le Mulet perlé. La coloration du dos
varie selon le milieu de l'olive au bleu gris. Les flancs sont
généralement gris argenté. En saison de reproduction, la

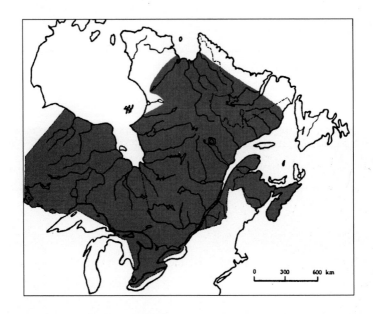

base des nageoires pectorales se colore de rouge ou d'orange vif chez le mâle.

Habitat   Variable. Surtout en lac dans le sud de sa distribution mais également dans les ruisseaux et les rivières vers le nord. Eaux claires ou troubles, fond sablonneux ou rocailleux.

Biologie   Le frai a lieu en mai et juin, dans les tributaires des lacs et les zones rocheuses des rivières. Il se nourrit de larves d'insectes et de petits crustacés, et capture également des petits poissons.

Commentaires   Le Méné de lac est l'un de nos Cyprins les plus largement répandus. Avec le Naseux des rapides, il est celui qui se rencontre le plus au nord. Il mord souvent à la ligne et il est fréquemment utilisé comme poisson-appât.

Bec-de-lièvre

Exoglossum maxillingua
Cutlips

Identification   Le Bec-de-lièvre est un cyprin au corps trapu. Il mesure en moyenne 10 cm et peut atteindre 14 cm. Le pédoncule caudal n'est pas particulièrement plus mince que le reste du corps ce qui lui donne un profil tubulaire. La nageoire caudale est fourchue mais quand même plus arrondie que celle de la plupart des autres Ménés. La tête est large et aplatie sur le dessus. Sa bouche ventrale, en forme de bec-de-lièvre, est constituée de 3 lobes, trait qui le différencie sans équivoque de tous les autres poissons de nos eaux. La coloration du corps est terne, passant de l'olive sur le dos au gris argenté sur les flancs.

Habitat   Eaux chaudes, claires et rapides des ruisseaux et rivières au fond rocailleux, graveleux ou libre de plantes aquatiques et d'envasement.

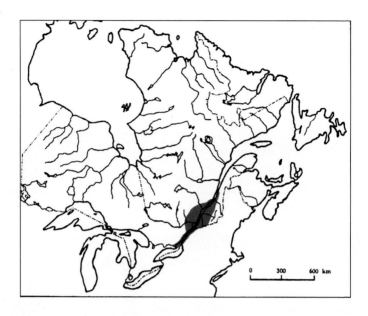

Biologie   Le frai a lieu de mai à juillet dans les zones graveleuses des cours d'eau alimentés d'un bon courant. Le comportement reproducteur du Bec-de-lièvre est particulier. Le mâle construit un nid imposant, jusqu'à 46 cm de diamètre et 15 cm de profondeur, avec de petits cailloux qu'il sélectionne et transporte dans sa bouche un à un. Il se nourrit de larves d'insectes aquatiques et de mollusques.

Bec-de-lièvre (gros plan)

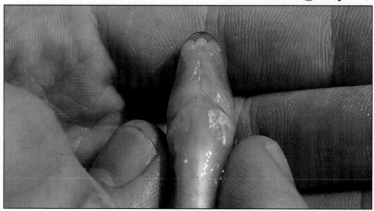

Méné laiton

Hybognathus hankinsoni
Brassy Minnow

Identification Le corps du Méné laiton est plutôt trapu et légèrement comprimé. Il mesure en moyenne entre 6 et 7 cm, mais peut atteindre environ 10 cm. La tête est courte et le museau arrondi surplombe la bouche qui est petite. Les écailles sont de bonne taille et facilement discernables. Il ressemble au Méné d'argent mais s'en distingue par sa nageoire dorsale plus arrondie et la coloration dorée ou cuivrée de son corps.

Habitat Étangs et ruisseaux de tourbières aux eaux sombres et aux fonds vaseux avec végétation.

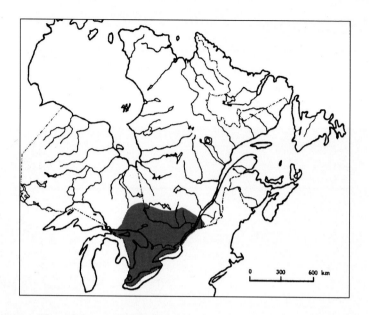

Commentaires Le Méné laiton est rare dans nos eaux et il n'a pas été observé fréquemment. Le frai a possiblement lieu en mai ou juin.

Méné d'argent

Hybognathus nuchalis
Silvery Minnow

Identification   Le Méné d'argent est un cyprin au corps allongé, peu comprimé et plutôt cylindrique. Il mesure en moyenne 7,5 cm mais peut atteindre 15 cm. Les écailles sont grandes et bien visibles. La nageoire dorsale s'insère devant les nageoires pelviennes. La bouche est petite, sub-terminale et ne porte pas de barbillons. Le museau arrondi surplombe la bouche. Il peut être confondu avec d'autres cyprins, notamment le Méné à nageoires rouges et le Queue à tache noire. Le Méné à nageoires rouges a cependant une allure plus trapue et une tête plus ronde et moins effilée. De plus, son corps est haut et nettement comprimé latéralement. Le Queue à tache noire, comme son nom l'indique, se distingue par une grosse tache noire à la base de sa nageoire caudale. Le dos du Méné d'argent est olive pâle avec des reflets bleutés. Les flancs sont nettement argentés.

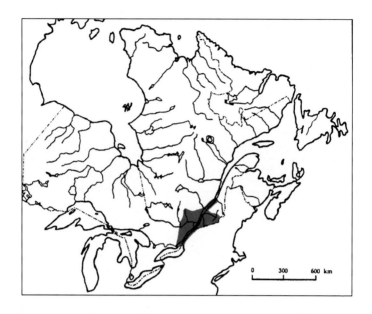

Habitat Généralement dans les zones de faible courant des grands lacs ou rivières au fond graveleux, sablonneux, ou organique parsemé de végétation aquatique.

Biologie Le frai a probablement lieu en mai, dans les eaux peu profondes à faible courant et à végétation abondante. Les oeufs, dont le nombre varie de 2 000 à 6 600 selon la taille de la femelle, sont déposés sur le fond parmi la végétation. Le Méné d'argent s'alimente d'algues et de débris organiques.

Commentaires Là où il abonde, comme par exemple au lac Saint-Pierre, ce méné constitue l'un des appâts les plus recherchés, particulièrement pour la pêche d'hiver à la Perchaude.

Méné jaune

Chatte de l'Est
Notemigonus crysoleucas
Golden Shiner

Identification   Le Méné jaune est un cyprin de taille relativement grande, mesurant en moyenne entre 7,5 et 12,5 cm. Il peut cependant atteindre des tailles plus considérables. Le plus grand spécimen capturé au Québec mesurait 23,4 cm. Son corps est haut et très plat. La nageoire dorsale s'insère très nettement derrière les nageoires pelviennes. La bouche est petite et orientée vers le haut. Le Méné jaune se distingue facilement de tous les autres cyprins grâce aux deux caractéristiques suivantes: la ligne latérale est fortement infléchie vers le bas et descend près des nageoires pelviennes et les écailles sont absentes de la face ventrale entre les nageoires pelviennes et anale, exposant ainsi une carène charnue. Les écailles sont grandes. Les individus de petite et moyenne taille sont généralement

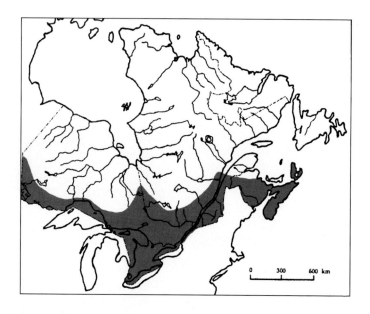

argentés avec le dos plus foncé. Les plus gros spécimens sont souvent jaunâtres, presque dorés.

Habitat   Eaux chaudes, tranquilles et herbeuses des lacs peu profonds de toutes dimensions. Parfois en rivière.

Biologie   Le frai du Méné jaune peut avoir lieu à n'importe quel moment de l'été, du mois de mai au mois d'août. Il a lieu en eau peu profonde, où les oeufs adhésifs sont déposés au hasard parmi la végétation. Ils sont pondus en grand nombre, soit jusqu'à 200 000. La reproduction débute en général à la troisième année. L'âge maximal atteint est de 8 ans. L'appareil digestif du Méné jaune est équipé pour digérer une nourriture très diversifiée se composant de plantes, zooplancton, petits mollusques, insectes et petits poissons. En contre partie, il représente une proie très importante pour plusieurs espèces prédatrices tels les Dorés, Achigans et Brochets.

Commentaires   À cause de son abondance, sa coloration brillante, sa taille et sa ténacité, le Méné jaune constitue l'une des espèces les plus populaires de poisson-appât, soit pour la pêche au Doré, au Brochet ou au Touladi. Aux États-Unis, on en fait l'élevage en étang de façon intensive.

Méné émeraude

Notropis atherinoides
Emerald Shiner

Identification   Le Méné émeraude mesure en moyenne entre 5 et 7 cm, mais peut atteindre 10 cm. Son corps est élancé, fortement comprimé latéralement et d'apparence frêle. La bouche pointe légèrement vers le haut. Les yeux sont remarquablement grands. La nageoire dorsale est insérée derrière les nageoires pelviennes. Les écailles sont grandes et se détachent facilement. Il peut être confondu avec le Méné d'argent et le Tête rose. Il se différencie du premier par les rayons de la nageoire anale qui sont au nombre de 11, mais seulement 8 ou 9 chez le Méné d'argent. De plus, la nageoire dorsale de ce dernier commence devant les nageoires pelviennes. Le Tête rose a la tête nettement plus pointue. Les nageoires du Méné émeraude ne sont pas colorées. Son corps est argenté avec des reflets verdâtres sur le dos.

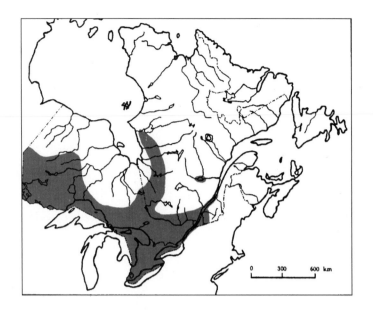

Habitat   En surface et au large des grandes rivières et des grands lacs aux eaux claires ou légèrement turbides.

Biologie   Le frai a lieu en été, de juin à août. Le Méné émeraude est un poisson de grande eau qui se déplace en bancs, souvent importants. Il se tient généralement au large, entre deux eaux durant le jour, et s'approche de la surface et des rives du crépuscule à l'aurore pour se nourrir de zooplancton et d'insectes aquatiques ou volant près de la surface. Il constitue une proie importante pour à peu près toutes les espèces de poissons prédateurs, de même que pour plusieurs oiseaux.

Commentaires   Le Méné émeraude est l'un des cyprins les plus communément utilisés comme poisson-appât dans l'Ouest du Québec et en Ontario. Cependant, il est le plus souvent conservé et vendu en bocaux car il se garde difficilement en captivité.

Méné d'herbe

Notropis bifrenatus
Bridled Shiner

Identification   C'est un Méné de petite taille, atteignant à peine 5 cm de longueur. La bouche est petite, inclinée vers le haut d'environ 45° et surplombée par le museau. Il ressemble beaucoup au Museau noir. Chez ce dernier, la bouche n'est que légèrement inclinée vers le haut et de plus, les écailles au-dessus de la ligne latérale sont nettement délimitées de noir. Le corps du Méné d'herbe est de couleur paille sur le dos et jaune ou blanche dessous la ligne latérale. Une large bande latérale noire parcourt généralement tout le corps, du museau à la queue.

Habitat   Zones herbeuses à fond vaseux ou sablonneux, des rives de lacs ou de cours d'eau tranquilles.

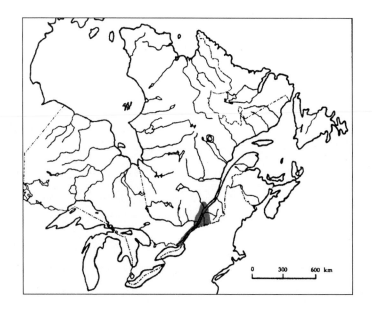

Biologie Le frai a lieu en été, de mai à août. Son menu est surtout constitué de petits crustacés, d'insectes aquatiques et d'algues.

Méné à nageoires rouges

Méné de ruisseau
Notropis cornutus
Common Shiner

Identification   Le Méné à nageoires rouges est un cyprin de taille relativement grande. Il mesure en moyenne de 6,5 à 10 cm mais peut atteindre 20 cm au Québec. Il a le corps haut et très aplati latéralement. La tête est large et arrondie. La bouche est grande, terminale et orientée légèrement vers le haut. La nageoire anale est formée de 9 rayons, ce qui le distingue de tous les autres cyprins, sauf le Tête rose et le Méné émeraude. Contrairement à ces derniers, sa nageoire dorsale commence vis-à-vis ou devant les nageoires pelviennes, mais jamais derrière. De plus, les écailles sur les flancs sont en forme de losange et de 3 à 4 fois plus hautes que larges. Le dos est de vert olive au bleu foncé. Le reste du corps est argenté. Les nageoires sont transparentes ou légèrement rouges. En période de frai, les mâles se parent de rouge vif et de nombreux tubercules sur la tête.

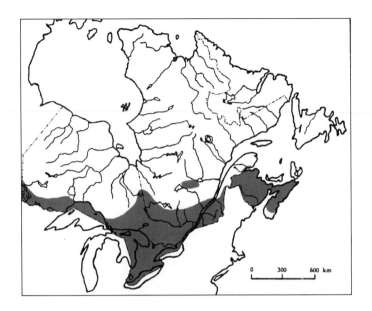

Habitat   Surtout dans les ruisseaux et petites rivières à fond graveleux, aux eaux fraîches et à courant modéré. Parfois en lacs et dans les grandes rivières.

Biologie   Le frai a lieu en mai et juin, généralement dans les zones graveleuses et peu profondes des cours d'eau alimentés d'un courant modéré. Les oeufs adhésifs sont pondus dans un nid dégagé par le mâle ou parfois dans un nid creusé par une autre espèce. Le régime alimentaire du Méné à nageoires rouges est varié et inclut divers insectes aquatiques et terrestres, zooplancton, et une quantité importante de matière végétale.

Commentaires   Le Méné à nageoires rouges, très commun dans nos eaux, est l'un des cyprins les plus abondants dans la plupart des petits et moyens cours d'eau sur son aire de répartition. Il mord à l'hameçon et peut facilement être capturé par dizaines. Dans certaines régions, il est un poisson-appât important.

Menton noir

Notropis heterodon
Blackchin Shiner

Identification   C'est une espèce de cyprin d'allure frêle qui mesure en moyenne de 4 à 6 cm. C'est la seule espèce habitant nos eaux à avoir le menton pigmenté de noir. Sa petite bouche en position terminale et orientée vers le haut le distingue des espèces qui lui ressemblent, tels le Museau noir et le Méné d'herbe, dont le museau surplombe la bouche. Le dos est de couleur paille. Une bande latérale noire traverse tout le corps, du menton à la queue. Les flancs, sous la bande latérale, sont blancs ou jaunâtres. Les écailles du dos sont très nettement délimitées par des marges noires.

Habitat   Strictement dans les eaux herbeuses, propres et claires de la zone littorale des lacs ou des zones tranquilles des cours d'eau.

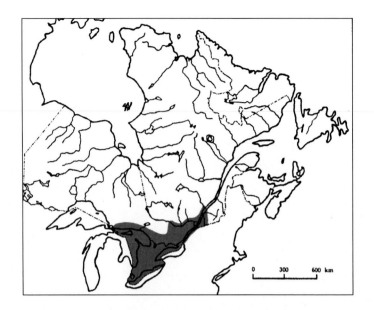

Biologie   Le frai a lieu en été. Le Menton noir se nourrit principalement de petits crustacés et d'insectes.

Commentaires   Le Menton noir est l'une des espèces les plus rares de nos eaux. Il est fragile et peu viable en captivité.

Museu noir

Notropis heterolepis
Blacknose Shiner

Identification   Le Museau noir est un petit cyprin mesurant 6 cm en moyenne et ne dépassant que rarement les 7,5 cm. Sa bouche est très petite. Le museau est plutôt arrondi et surplombe la bouche, ce qui le distingue du Menton noir qui lui ressemble beaucoup. Une bande latérale noire parcourt le corps du museau à la queue. Il se distingue des autres cyprins par ses écailles du dos qui sont nettement délimitées de noir. De plus, la marge postérieure des écailles à l'intérieur de la bande latérale noire et juste au-dessous, est foncée et forme un croissant qui pointe vers l'avant. Le dos est brun ou de couleur paille. Le menton n'est jamais foncé. Les flancs sous la bande latérale sont blancs.

Habitat   Eaux claires et tranquilles des baies et cours d'eau herbeux et peu profonds. Ne tolère pas les eaux turbides.

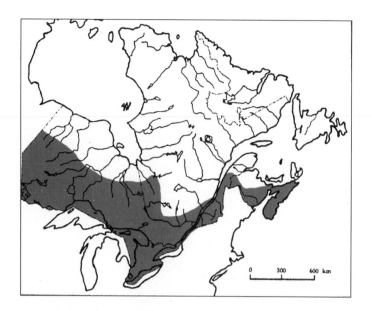

Biologie   Le frai a lieu à la fin du printemps et au début de l'été. Il n'existe pas de données disponibles sur son alimentation.

Commentaires   Le Museau noir est très répandu, mais généralement pas très abondant.

Queue à tache noire

Baveux
Notropis hudsonius
Spottail Shiner

Identification   Le Queue à tache noire est un cyprin de taille moyenne, mesurant en moyenne 7 cm mais pouvant atteindre 15 cm. Son corps est peu aplati latéralement et de forme allongée. Le museau est arrondi et surplombe distinctement la bouche. La nageoire dorsale commence vis-à-vis ou devant les nageoires pelviennes, jamais derrière. Le dos est généralement bleuté et les flancs argentés. À la base de la queue se trouve une tache noire distincte qui différencie le Queue à tache noire de toutes les autres espèces, y compris le Méné d'argent avec lequel on peut le confondre.

Habitat   Généralement dans les grandes rivières de courant faible à modéré et dans les grands lacs aux eaux claires à fond sablonneux ou graveleux. Rarement dans les petits plans d'eau.

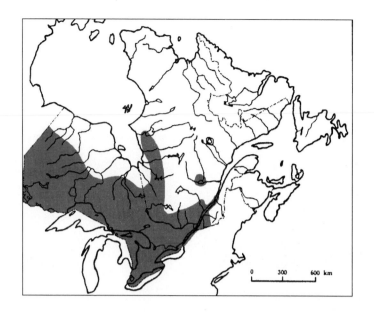

Biologie   Le Queue à tache noire fraie en juin et juillet en eau claire sur le fond sablonneux ou graveleux des lacs, ou à l'embouchure des rivières. Il se nourrit de zooplancton, d'insectes aquatiques et d'algues.

Commentaires   Le Queue à tache noire est une espèce très commune. Il est une proie importante pour de nombreux prédateurs et il est utilisé abondamment comme appât pour la pêche sportive au Québec.

Tête rose

Notropis rubellus
Rosyface Shiner

Identification   Le Tête rose est un cyprin de taille moyenne, d'une longueur variant habituellement de 5 à 7,5 cm. Son corps est élancé. La nageoire dorsale est située loin vers l'arrière et commence derrière les nageoires pelviennes. La nageoire anale comporte de 10 à 12 rayons, ce qui le distingue de la plupart des autres cyprins qui ont moins de rayons à leur nageoire anale. La bouche est terminale, l'ouverture dirigée vers l'avant, et elle n'est pas surplombée par le museau. Le Tête rose ressemble beaucoup au Méné émeraude duquel il se différencie surtout par sa tête distinctement plus pointue. C'est un cyprin argenté dont le dos varie de l'olive au bleuté. Il n'a pas de marques foncées. En période de reproduction, le mâle arbore une livrée orangée à la tête et à la base des nageoires.

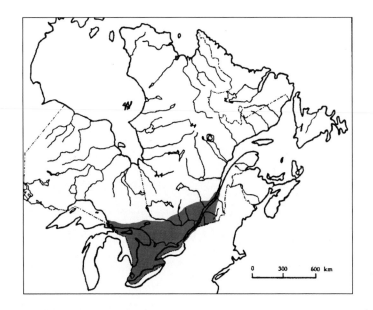

Habitat Surtout dans les eaux vives et claires des rivières de petite dimension à fond graveleux ou rocailleux. Tolère mal la turbidité et l'envasement des cours d'eau. Rarement en lac.

Biologie Le frai a lieu à la fin du printemps, en juin, en eau rapide et à fond graveleux ou sablonneux. Il se nourrit surtout d'insectes aquatiques et terrestres mais également de matière végétale.

Commentaires Le Tête rose est une espèce qui n'est pas largement distribuée mais qui peut être abondante localement. C'est un poisson fragile qui tolère peu la captivité.

Méné bleu

Notropis spilopterus
Spotfin Shiner

Identification   Le Méné bleu est un cyprin de taille moyenne, pouvant atteindre 10,7 cm de longueur. Son corps est aplati latéralement, relativement haut et robuste. La tête est distinctement pointue. La bouche est grande et légèrement surplombée par le museau. Les écailles sont grandes et en forme de losange. Le trait le plus distinctif du Méné bleu est la coloration sombre toujours présente entre les derniers rayons de la nageoire dorsale. La nageoire dorsale commence au-dessus ou légèrement derrière l'insertion des nageoires pelviennes. C'est un poisson argenté avec le dos bleuté, principalement chez les mâles pendant le frai. De plus, ces derniers portent de nombreux tubercules pointus sur la tête.

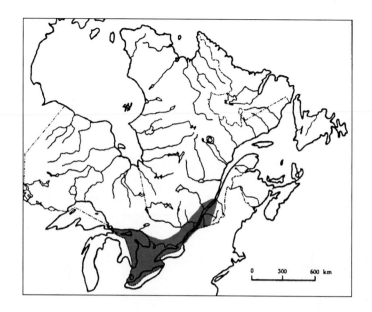

Habitat Surtout dans les grandes rivières à courant faible ou modéré à fond de sable et de gravier, aux eaux claires ou turbides. Rarement en lac.

Biologie Il n'y a pas de données disponibles quant à la période du frai dans nos eaux, mais il a probablement lieu en été, entre juin et août. Les mâles sont alors agressifs et s'affrontent pour obtenir un site de frai. Les oeufs sont adhésifs et se fixent à la face inférieure d'objets submergés, dans les crevasses ou sous l'écorce de souches ou de troncs d'arbres. Le Méné bleu semble se nourrir principalement d'insectes.

Commentaires Le Méné bleu est peu commun dans nos eaux. Il ne se rencontre qu'occasionnellement. Il peut être abondant en certains sites précis.

Méné paille

Notropis stramineus
Sand Shiner

Identification   Le Méné paille est un petit cyprin, mesurant habituellement de 5 à 7 cm. Son corps est allongé et légèrement aplati latéralement. La bouche est petite et légèrement orientée vers le haut. La nageoire dorsale prend naissance vis-à-vis ou un peu derrière les nageoires pelviennes. La nageoire anale compte 7 rayons, ce qui le distingue de la plupart des Cyprinidés avec lesquels on peut le confondre, particulièrement le Méné pâle. Ce dernier compte habituellement 8 rayons.

Habitat   Fonds sablonneux et graveleux des lacs ou des fleuves et rivières aux eaux relativement claires, avec peu de végétation.

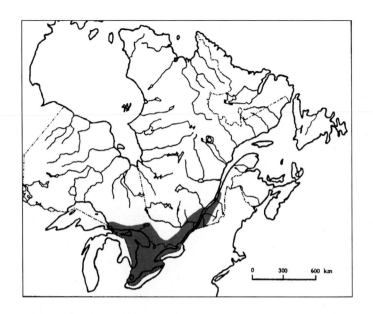

Biologie   Le frai a lieu en été, probablement de juin à août.
Il se nourrit d'insectes aquatiques et terrestres, et de matières végétales.

Méné pâle

Notropis volucellus
Mimic Shiner

Identification   Le Méné pâle est un petit cyprin au corps élancé, mesurant en moyenne entre 5 et 7 cm. La bouche est petite et légèrement surplombée par le museau. La nageoire dorsale commence vis-à-vis ou légèrement derrière les nageoires pelviennes. Il est très difficile de le différencier du Méné paille. L'étude de certains caractères externes peut en faciliter la distinction. La nageoire anale du Méné pâle comporte 8 rayons comparativement à 7 chez le Méné paille. Les écailles du Méné pâle sont nettement cernées de noir, la base de sa queue porte une tache noire et la région de l'anus est pigmentée de noir. La coloration générale du Méné pâle est verdâtre avec des reflets argentés.

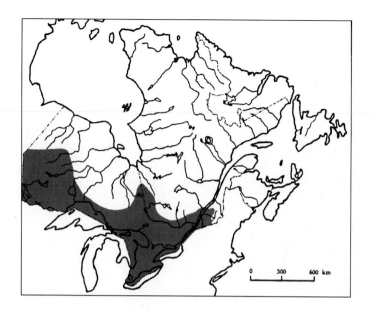

Habitat   Lacs et cours d'eau de dimensions moyennes à grandes, aux eaux claires ou turbides, à courant faible ou modéré, et au fond sablonneux, graveleux ou rocailleux.

Biologie   Le frai a probablement lieu en été. Le Méné pâle semble se nourrir de petits crustacés, d'insectes et d'algues.

Ventre rouge du Nord

Phoxinus eos
Northern redbelly Dace

Identification   Le Ventre rouge est un cyprin de petite taille, dépassant rarement 5 cm. Les écailles très fines, à peine discernables, donnent au Ventre rouge un aspect satiné qui le distingue de la majorité des autres cyprins. Il ne porte pas de barbillons à la bouche et la nageoire dorsale est située plus vers l'arrière du corps par rapport aux nageoires pelviennes. Il peut facilement être confondu avec le Ventre citron avec lequel il s'hybride. Certains traits extérieurs permettent cependant de les différencier: la tête du Ventre rouge est plus petite et plus pointue, ce qui lui donne une allure plus élancée; sa bouche est également plus petite et il atteint une taille moins grande. La coloration du dos varie de l'olive au brun et les flancs sont crème, jaune ou rouge vif. La coloration n'est donc pas un critère pour le

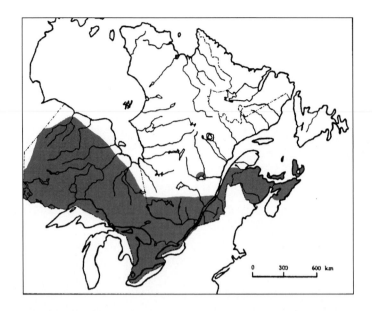

distinguer du Ventre citron. Les plus belles couleurs sont observées en période de frai.

Habitat   Petits lacs de tourbières, étangs, étangs de castor, généralement aux eaux foncées et à fond vaseux ou recouvert de dépôts organiques.

Biologie   Le frai du Ventre rouge débute en mai et peut se poursuivre durant tout l'été. Il peut vivre jusqu'à 8 ans. Il se nourrit principalement d'algues mais également de zooplancton et d'insectes.

Commentaires   Le Ventre rouge constitue un excellent poisson-appât et il est largement utilisé pour la pêche au Doré dans plusieurs régions.

Ventre citron

Phoxinus neogaeus
Finescale Dace

Identification   Ce cyprin mesure en moyenne 7,5 cm et peut atteindre 10 cm. Ses écailles très petites, à peine discernables, lui donnent un aspect satiné et permettent de le distinguer de la majorité des cyprins. Il ne porte pas de barbillons à la bouche et la nageoire dorsale commence derrière les nageoires pelviennes. Il ressemble beaucoup au Ventre rouge du Nord. Cependant, sa tête est plus grosse et son museau, arrondi, lui donne un aspect plus trapu, l'ouverture de la bouche est également plus grande. Il est généralement brun foncé sur le dos. En saison de reproduction, les flancs sont vivement colorés de jaune ou de rouge.

Habitat   Petits lacs de tourbières, étangs de castor aux eaux sombres. Parfois trouvé dans de grands lacs et des cours d'eau.

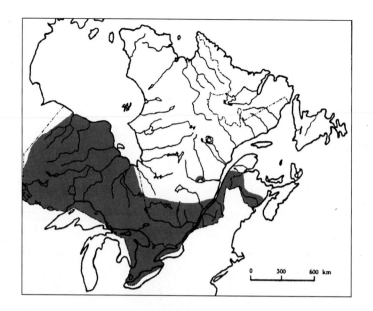

0   300   600 km

Biologie   Le frai a lieu en mai et juin. Il se nourrit surtout d'insectes mais son régime inclut également de petits crustacés et du zooplancton.

Commentaires   Comme le Ventre rouge, le Ventre citron est un poisson-appât très apprécié pour la pêche au Doré.

Ventre-pourri

Pimephales natatus
Bluntnose Minnow

Identification Le Ventre-pourri mesure en moyenne
6,5 cm. C'est un poisson au corps allongé et presque cylindrique. Il se distingue de tous les autres cyprins, sauf du
Tête-de-boule, par le premier rayon de la nageoire dorsale,
bien séparé et distinctement plus court que les autres. De
plus, les écailles du dos entre la tête et la nageoire dorsale
sont petites et très tassées. Il se distingue notamment du
Tête-de-boule par son museau très arrondi qui surplombe
nettement la bouche. La bouche du Tête-de-boule est terminale et son corps est trapu. La coloration du Ventre-pourri
varie du brun à l'olive et ses flancs sont argentés. Une
grosse bande latérale foncée traverse le corps, du museau à
la queue. Une tache noire évidente orne généralement la
base de la queue.

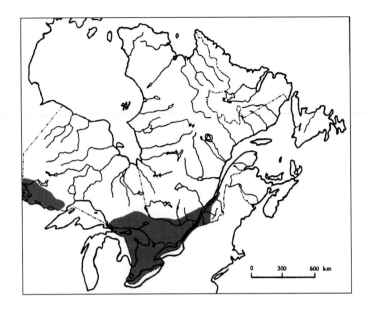

Habitat Très variable; généralement en eaux peu profondes des lacs à fond vaseux ou sablonneux, mais également
en ruisseaux et rivières à courant faible ou modéré, aux
eaux claires ou turbides.

Biologie Le frai débute à la fin mai et se poursuit jusqu'en
août. Le comportement reproducteur du Ventre-pourri est
particulier. Le mâle creuse un nid sous une pierre plate ou
un billot gisant au fond de l'eau. Il est agressif et chasse
tous les intrus de son territoire. Lorsque le nid est prêt, il
incite une femelle à y pondre ses oeufs adhésifs qui se
déposent sur le plafond du nid. Plus d'une femelle peut
pondre dans un même nid. Le mâle assure la garde et prend
soin des jeunes. Le Ventre-pourri se nourrit sur le fond,
principalement de détritus mais aussi d'insectes et de petits
crustacés. Il est une proie importante de la Perchaude et des
Crapets.

Commentaires Le Ventre-pourri est une espèce commune susceptible d'être observée dans plusieurs types d'habitats. Il semble particulièrement tolérant à la pollution et à la détérioration de son habitat. Il n'est pas souvent utilisé comme poisson-appât.

Tête-de-boule

Pimephales promelas
Fathead Minnow

Identification   Le Tête-de-boule est un petit cyprin mesurant en moyenne 5 cm. Comme le Ventre-pourri, il se distingue de tous les autres cyprins par le premier rayon de la nageoire dorsale qui est nettement plus court et bien séparé des autres. Comme le Ventre-pourri également, les écailles du dos, entre la tête et la nageoire dorsale, sont petites et très tassées. Le Tête-de-boule se distingue toutefois du Ventre-pourri par son corps trapu plutôt que cylindrique et son ventre arrondi. De plus, sa bouche est terminale, non surmontée par le museau, qui est court et arrondi. Les écailles sont petites et plutôt rondes. Le Tête-de-boule est de teinte plus foncée que le Ventre-pourri. La coloration va du brun au vert olive sur le dos avec des reflets bronzés ou violacés sur les flancs. Les jeunes portent un bande latérale foncée sur les flancs mais non sur la tête. Les adultes

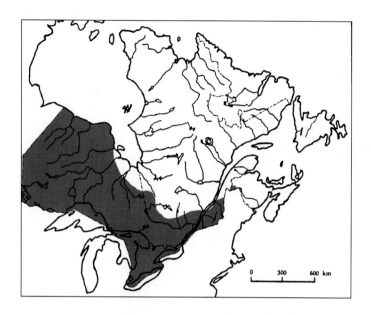

ont une tache noire sur la partie antérieure de la nageoire
dorsale et une autre à la base de la nageoire caudale.

Habitat   Généralement dans les petits ruisseaux à faible
courant, eaux de fossés, étangs et petits lacs à fond vaseux
et aux eaux chaudes.

Biologie   Le frai a lieu en été et s'étend de juin à août.
Comme chez le Ventre-pourri, le mâle Tête-de-boule creuse un nid sous une pierre, un billot ou autre objet gisant au
fond de l'eau. La femelle pond des oeufs adhésifs qui se déposent sur le plafond du nid. Plus d'une femelle pondent
dans un même nid et inversement, chaque femelle peut par-
tager ses oeufs entre plusieurs nids. Le mâle monte la garde. Le régime alimentaire du Tête-de-boule inclut des insectes aquatiques, du zooplancton, des matières végétales
et des détritus.

Commentaires   Le Tête-de-boule est une espèce très prolifique qui peut supporter des conditions de température, d'acidité et de détérioration de l'habitat fatales pour plusieurs autres espèces. C'est un poisson des plus communs des petits plans d'eau de nos régions. Il n'est pas particulièrement recherché comme poisson-appât mais constitue une proie importante de plusieurs prédateurs. Aux États-Unis, on en pratique l'élevage intensif en étang.

Naseux noir

Rhinichthys atratulus
Blacknose Dace

Identification Le Naseux noir est un petit cyprin au profil élancé, mesurant en moyenne 6,5 cm. Le corps est de forme arrondie à l'avant et comprimé vers l'arrière. La nageoire dorsale s'insère derrière le début des nageoires pelviennes. Les écailles sont très petites. Avec le Naseux des rapides, il est la seule espèce de cyprin dont la mâchoire supérieure n'est pas protractile, c'est-à-dire dont le nez et la lèvre sont fusionnés de sorte qu'il n'y a pas de sillons entre les deux comme chez les autres Cyprinidés. Son museau est pointu et dépasse nettement la bouche mais pas de façon aussi accentuée que chez le Naseux des rapides. Il se distingue également de ce dernier par la présence d'une large bande latérale noire qui parcourt tout le corps, de la base de la queue jusqu'au bout du museau. Le dos varie de l'olive au brun foncé et les flancs sous la bande latérale

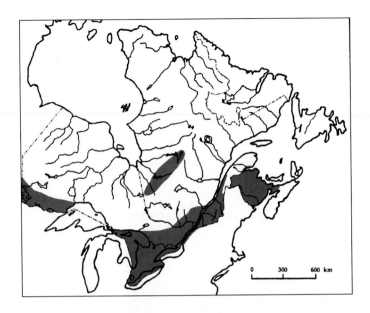

sont blanc laiteux. Plusieurs petites écailles plus foncées sont éparpillées au hasard sur tout le corps. En saison de reproduction, les mâles se parent d'une bande latérale de teinte rouille.

Habitat   Typiques des petits ruisseaux aux eaux claires, à courant rapide et à fond graveleux ou rocailleux. Très occasionnellement en rivière ou en lac.

Biologie   Le frai a lieu en mai et juin, sur des fonds graveleux situés en eau vive et peu profonde. Le mâle défend son territoire.

Commentaires   Le Naseux noir est souvent associé au même habitat que la Truite mouchetée et peut en être une proie importante. Son corps et ses nageoires sont fréquemment recouverts de nombreux petits points noirs. Ils indiquent la présence de parasites enkystés qui sont logés sous la peau.

Naseux des rapides

Rhinichthys cataractae
Longnose Dace

Identification   Le Naseux des rapides est un cyprin de taille moyenne. Les individus généralement observés mesurent environ 7,5 cm mais certains atteignent 18 cm. Ce poisson a une forme très caractéristique. Son corps est élancé et presque cylindrique. Comme le Naseux noir, sa bouche n'est pas protractile, ce qui le distingue de tous les autres cyprins. Son museau très long et aplati sur le dessus, dépasse de beaucoup la bouche, située en dessous. Son aspect général rappelle celui d'un petit meunier mais ses lèvres ne forment pas une bouche suceuse. De plus, la nageoire dorsale commence derrière l'insertion des nageoires pelviennes. Les écailles sont très petites. Contrairement au Naseux noir, il ne possède pas une large bande latérale foncée, cependant présente parfois chez les très jeunes individus. Des petites écailles foncées sont éparpillées au hasard

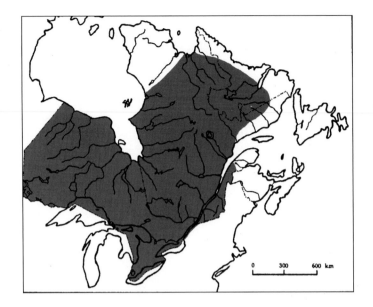

sur le corps. Ce Naseux est de couleur variable, allant de l'olive pâle au brun foncé selon le milieu. Les mâles reproducteurs sont ornés d'orangé à la base des nageoires pectorales et à la bouche.

Habitat   Typiquement dans les gros ruisseaux et rivières aux eaux fraîches, claires ou turbides, à fort courant et à fond graveleux ou rocheux. Parfois sur les fonds graveleux des lacs.

Biologie   Le frai a généralement lieu en mai et juin, mais peut se poursuivre jusqu'en août, sur le fond graveleux des ruisseaux à fort courant. Le mâle établit un territoire et il incite la femelle à pondre ses oeufs dans un espace entre les roches. C'est une espèce très bien adaptée à la vie sur le fond des eaux rapides. Sa vessie gazeuse peu développée qui augmente sa densité et le profil aplati de sa tête, lui permettent de se maintenir en place sur le fond. Avec sa bouche située sous le museau, il peut facilement s'alimenter sur le fond. Son régime comprend principalement des lar-

143

ves d'insectes aquatiques, notamment des maringouins et des mouches noires.

Commentaires Partageant souvent le même habitat que la Truite mouchetée, le Naseux des rapides en est une proie importante. C'est une espèce très commune. Après le Méné de lac, il est le cyprin qui a la plus grande distribution géographique et qu'on trouve le plus au nord.

Mulet à cornes

Mulet
Semotilus atromaculatus
Creek Chub

Identification   Le Mulet à cornes est un cyprin de taille relativement grande, mesurant en moyenne 10 cm mais pouvant atteindre 30 cm. Il peut être confondu avec le Mulet perlé et le Méné de lac. Il s'en distingue cependant par la présence d'une tache noire à la base antérieure de la nageoire dorsale. C'est un poisson au corps robuste. Sa tête est grosse et arrondie alors que celle du Méné de lac est petite et effilée. Sa bouche est grande et munie de lèvres épaisses, aisément discernables. La nageoire dorsale se situe à peu près vis-à-vis les nageoires pelviennes, alors qu'elle est nettement derrière chez le Mulet perlé. Il ne possède pas de petits barbillons au coin de la bouche comme le Méné de lac. En période de frai, son museau est orné de gros tubercules. La coloration générale du corps est variable, allant de l'olive au brun sur le dos avec les flancs

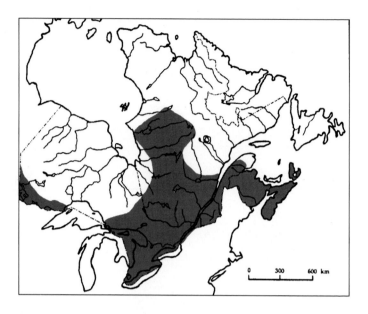

plus pâles, souvent avec des reflets violets. Une bande latérale foncée parcourt tout son corps du nez à la queue où elle se termine par une tache noire. Cette bande est absente chez les gros individus.

Habitat   Ruisseaux aux eaux fraîches ou chaudes, claires ou turbides, à courant faible ou modéré et à fond graveleux ou rocheux. Il est peu commun dans les lacs et les grandes rivières.

Biologie   Le frai a généralement lieu à la fin du printemps, en mai et juin, mais peut se poursuivre jusqu'en juillet. Le mâle choisit un endroit tranquille à fond graveleux où il creuse un nid mesurant de 25 à 30 cm de longueur. Plus d'une femelle fraient avec un même mâle. Inversement, une même femelle pourra frayer avec différents mâles. Les oeufs sont enterrés sous le gravier. Le Mulet à cornes est omnivore. Son régime peut inclure insectes, écrevisses, plancton animal ou végétal, mollusques et petits poissons.

Commentaires   Le Mulet à cornes compte parmi les espèces les plus abondantes et les plus communes de nos eaux. C'est souvent l'espèce dominante dans les petits cours d'eau ou les eaux de fossés, près des zones urbaines. Le Mulet à cornes mord facilement à l'hameçon et il est souvent capturé lors de la pêche à la truite. Il est très largement utilisé comme poisson-appât. Il peut être un compétiteur très important de la Truite mouchetée. Son introduction accidentelle ou volontaire dans plusieurs plans d'eau, comme par exemple en Mauricie, a causé une baisse du rendement de la pêche sportive.

Ouitouche

Mulet
Semotilus corporalis
Fallfish

Identification   La Ouitouche est un grand cyprin au corps robuste et à tête grosse et conique. Sa bouche est grande, sans dents, et légèrement surplombée par le museau. La Ouitouche mesure habituellement de 15 à 20 cm; elle dépasse fréquemment les 30 cm et peut mesurer jusqu'à 46 cm et peser 1,4 kg. Elle n'est pas aplatie latéralement et n'a pas de nageoire adipeuse, ce qui la distingue du Corégone, avec lequel elle est parfois confondue par les pêcheurs. Les écailles sont grandes. La coloration du corps est argentée ou parfois cuivrée, et le dos varie du brun pâle au noir. Les jeunes ont les flancs à reflets bleu métallique et une bande latérale noire du museau à la bouche.

Habitat   Dans les ruisseaux et rivières de bon débit, à fond rocheux, avec alternance de zones de rapides et d'eaux tranquilles. Également en lac, avec ou sans végétation.

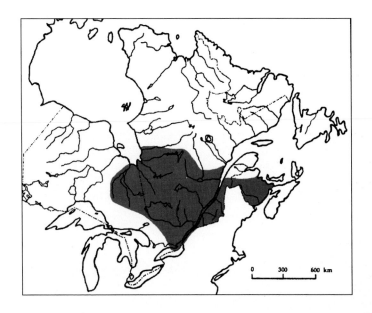

Biologie Le frai a lieu à la fin du printemps, en mai ou juin, sur les fonds graveleux des cours d'eau rapides. Le mâle construit un nid énorme, dont le diamètre varie entre 30 et 180 cm, et la hauteur entre 60 et 90 cm. Il utilise des pierres qu'il transporte une à une dans sa bouche. Les oeufs déposés dans le nid sont recouverts de cailloux. La Ouitouche est omnivore, se nourrissant d'une grande variété d'organismes tant animal que végétal, incluant poissons, écrevisses, insectes aquatiques et terrestres, et algues.

Commentaires La Ouitouche est la plus grosse des espèces indigènes de Cyprinidés qui habitent nos eaux. Elle est commune dans plusieurs cours d'eau et lacs. On la retrouve souvent dans le même habitat que la Truite mouchetée et elle peut en être une compétitrice et une prédatrice. Elle est souvent capturée accidentellement et parfois intentionnellement par les pêcheurs. Le record officiel est un spécimen pesant 0,5kg, capturé en Pensylvanie en 1986.

Mulet perlé

Semotilus margarita
Pearl Dace

Identification   Le Mulet perlé a le corps élancé, non aplati latéralement mais plutôt cylindrique. Il mesure en moyenne 9 cm mais peut dépasser 15 cm. Il ressemble au Mulet à cornes et au Méné de lac par sa taille et son aspect général. Cependant, la position de la nageoire dorsale, située nettement derrière l'insertion des nageoires pelviennes, permet de le distinguer. De plus, il n'a pas de tache noire sur la nageoire dorsale, comme le Mulet à cornes, et ne porte pas de barbillons au coin de la bouche, comme le Méné de lac. La tête est relativement petite et arrondie. Les écailles sont petites. La coloration du dos est généralement foncée et les flancs sont gris avec des reflets argentés. Plusieurs écailles foncées sont éparpillées au hasard sur les flancs. Les jeunes portent une bande latérale foncée sur les flancs. Chez les

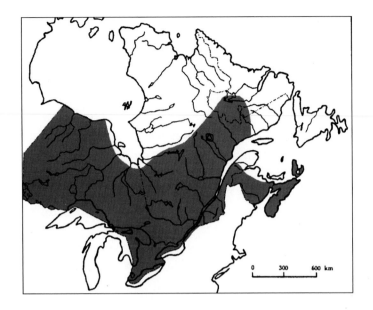

adultes, cette bande est absente ou diffuse. Les flancs des mâles reproducteurs sont orangés ou roses.

Habitat   Petits lacs de tourbières, étangs de castors, petits ruisseaux. Peu commun dans les grands plans d'eau.

Biologie   Le frai a lieu au printemps, généralement en ruisseau, sur un fond de sable ou de gravier. Le mâle défend son territoire. Les femelles peuvent frayer avec plusieurs mâles différents. Le Mulet perlé se nourrit surtout d'insectes aquatiques et de plancton animal.

Commentaires   Le Mulet perlé est une espèce commune, surtout dans le Nord-Ouest québécois où il est fréquemment utilisé comme poisson-appât.

Les Meuniers et les Suceurs
- Famille des Catostomidés

Les Catostomidés représentent une famille importante de poissons d'eau douce, regroupant 61 espèces distribuées principalement en Amérique du Nord mais aussi en Sibérie et en Chine. Ils sont parmi les poissons les plus abondants de nos eaux. Ce sont des poissons de moyenne et grande taille qui habitent le fond des ruisseaux, rivières et lacs. Ils se distinguent par leur bouche ventrale protractile munie de grosses lèvres épaisses. Ils ne portent ni barbillons, ni nageoire adipeuse. Leur nageoire caudale est typiquement fourchue. Mis à part la Couette, les espèces de nos eaux se divisent en deux genres: *Catostomus* (les meuniers) et *Moxostoma* (les suceurs). On peut notamment distinguer les meuniers des suceurs par la taille de leurs écailles. Les écailles des meuniers sont petites et leur nombre à la ligne latérale excèdent en général 50. Celles des suceurs sont nettement plus grandes et leur nombre à la ligne latérale est toujours inférieur à 50. On peut également les distinguer par le type de lèvres. Celles des meuniers sont munies de petites papilles globulaires. Celles des suceurs n'en portent pas mais sont plutôt marquées de sillons longitudinaux. Les meuniers et les suceurs sont souvent appelés «carpes» populairement, bien qu'ils n'en soient pas en réalité. On doit au biologiste québécois Vianney Legendre la découverte du Suceur cuivré (*Moxostoma hubbsi*). Cette espèce est aujourd'hui considérée en voie de disparition.

Espèces présentes au Québec : 8

Couette
Meunier rouge
Meunier noir
Suceur blanc
Suceur ballot
Suceur cuivré
Suceur rouge
Suceur jaune

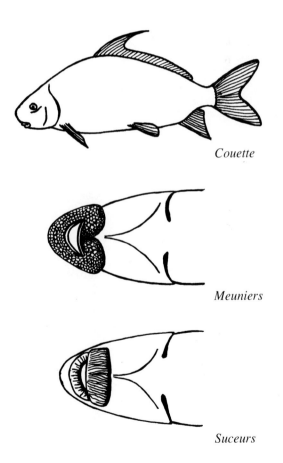

Couette

Meuniers

Suceurs

Couette

Brème
Carpiodes cyprinus
Quillback

Identification La Couette a le corps très épais et le dos nettement arqué. Sa longueur habituelle varie entre 25 et 38 cm mais ce poisson peut toutefois atteindre 47 cm au Québec. La bouche suceuse est petite. Les écailles sont grandes. La Couette possède une seule nageoire dorsale dont la base est très longue et les rayons antérieurs extrêmement allongés, ce qui la distingue de toutes les autres espèces. Sa coloration varie de jaune à brun pâle sur le dos et les flancs sont argentés.

Habitat Grandes rivières et lacs aux eaux claires ou turbides.

Biologie La Couette fraie en avril et mai dans les lits d'inondation des rivières ou dans les baies des lacs. Elle se

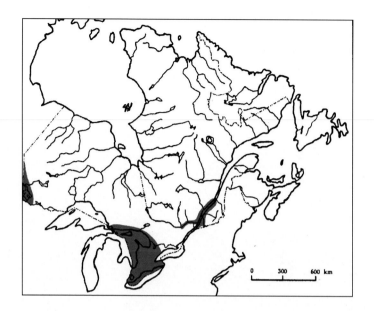

nourrit principalement d'insectes aquatiques et de végétation.

Commentaire: La Couette est un poisson dont la biologie est peu connue. Elle est peu abondante dans nos eaux. Elle est capturée accidentellement dans les pêches commerciales.

Meunier rouge

Catostomus catostomus
Longnose Sucker

Identification Le Meunier rouge a le corps allongé et presque rond. Il mesure habituellement entre 30 et 35 cm mais peut atteindre 64 cm. Son museau est plus pointu et allongé et ses écailles sont plus petites que chez le Meunier noir. Sa bouche suceuse possède de grosses lèvres recouvertes de petites papilles. Sa coloration varie de l'olive foncé à presque noire avec parfois des reflets bronzés sur les flancs. Au temps du frai, une large bande orange vif apparaît sur les flancs, surtout chez les mâles.

Habitat Eaux claires et froides et à toutes profondeurs aux latitudes nordiques. Au sud, secteurs profonds des lacs et des grandes rivières. Petits cours d'eau et hauts-fonds au moment du frai. Généralement en eaux plus froides et plus profondes que le Meunier noir.

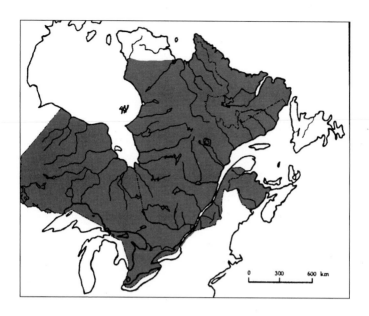

Biologie   Le Meunier rouge fraie de la mi-avril à la mi-mai peu après la fonte des glaces, dans les zones peu profondes, rapides et graveleuses des ruisseaux. Il remonte les cours d'eau plus tôt que le Meunier noir. Les femelles pondent entre 12 000 et 60 000 oeufs. Il se nourrit essentiellement d'invertébrés benthiques tels larves d'insectes,

Meunier rouge (gros plan)

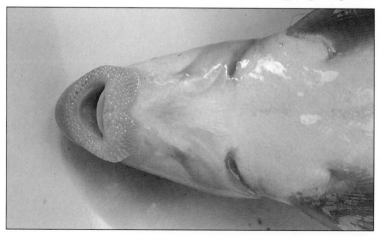

mollusques, crustacés et vers. Les Meuniers rouges de toute taille constituent une proie très importante du Grand Brochet et d'autres poissons prédateurs.

Commentaires   Le Meunier rouge est une des espèces de poisson les plus répandues dans nos eaux. C'est une espèce adaptée aux eaux froides qui peut survivre jusque dans les lacs et rivières de la toundra. Peut-être à cause de son apparence «insignifiante», il ne bénéficie en général que de peu de faveur et inspire même le dédain, tant aux pêcheurs sportifs qu'aux autochtones. Le record officiel de pêche sportive est un spécimen pesant 2,86 kg, capturé en 1986 au Michigan.

Meunier noir

Carpe noire
Catostomus commersoni
White Sucker

Identification   Le Meunier noir est un poisson robuste au corps cylindrique. Il mesure habituellement entre 30 et 50 cm et pèse entre 0,5 et 1 kg. Sa bouche suceuse est munie de lèvres charnues recouvertes de petites papilles. Il se distingue du Meunier rouge par son museau plus arrondi, parfois même presque carré. De plus, ses écailles sont nettement plus grosses. La coloration du dos varie du brun cuivré au noir et les flancs ont des reflets argentés.

Habitat   Très variable. Petits ruisseaux, rivières, étangs et lacs, sur fond rocheux ou vaseux, avec ou sans végétation. Eaux chaudes ou froides, avec ou sans courant. Évite habituellement les eaux profondes.

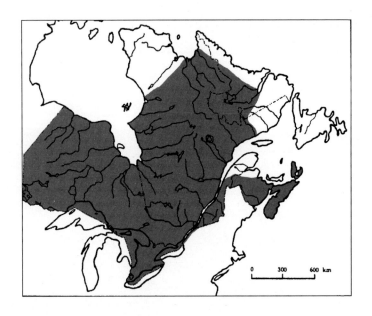

Biologie   Le Meunier noir fraie peu de temps après le Meunier rouge, en mai et jusqu'au début de juin. Les adultes se rassemblent au moment du frai et remontent les petits cours d'eau graveleux et à courant modéré. Ils peuvent aussi frayer sur les rives des lacs. Les femelles sont prolifiques et pondent en moyenne entre 18 000 et 50 000 oeufs qui sont dispersés sur le gravier. Le Meunier noir se nourrit sur le fond de divers invertébrés tels que larves et pupes d'insectes, vers, mollusques et petits crustacés. Les jeunes de cette espèce peuvent constituer une partie importante de la diète du Grand Brochet, du Maskinongé, des Achigans, des Dorés et même du Saumon Atlantique et de l'Omble de fontaine.

Commentaires   Le Meunier noir est peut-être l'espèce la plus abondante de nos eaux. Comme les autres catostomidés, il est méprisé par les pêcheurs sportifs. Cependant, cette espèce a une importance en tant que proie des espèces sportives. Une certaine quantité est prélevée commercialement. On l'utilise aussi comme poisson-appât. La chair des individus capturés en eau froide le printemps est agréable au goût et peut s'apprêter de maintes façons. Le record officiel de pêche est un spécimen pesant 2,94 kg, capturé au Minnesota en 1984.

Suceur blanc

Carpe blanche, Moxostome blanc
Moxostoma anisurum
Silver Redhorse

Identification   Le Suceur blanc est un poisson de bonne taille au corps robuste. Il mesure généralement entre 30 et 40 cm mais peut atteindre 63 cm. Sa tête est aplatie sur le dessus et sa bouche suceuse est garnie de sillons longitudinaux. Les marges postérieures de la lèvre inférieure forment un angle d'environ 90°, ce qui le distingue des autres suceurs. Il se différencie de plus par sa nageoire dorsale qui compte de 15 à 17 rayons comparativement aux 12 à 14 chez les autres espèces. La coloration du corps varie de bronzée à olive sur le dos et les flancs sont argentés. Les nageoires ne sont pas rouges.

Habitat   Généralement plus abondant en rivière qu'en lac. Cours d'eau lents avec fosses longues et profondes. Absent des aires d'envasement.

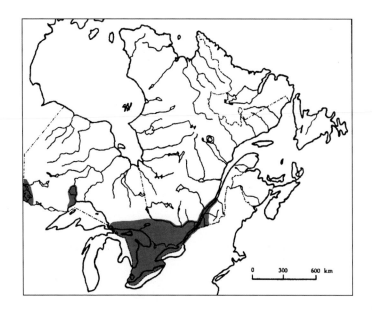

Biologie   Le Suceur blanc fraie vers la fin mai, généralement en eau froide. Le nombre d'oeufs pondus par femelle est de 14 000 à 36 000. Le Suceur blanc se nourrit sur le fond d'une multitude de petits organismes benthiques mais surtout de pupes et de larves de mouches.

Commentaires   C'est le deuxième Suceur en importance dans nos eaux, après le Suceur rouge. Il a une certaine importance commerciale dans le fleuve Saint-Laurent. Il est pêché à la ligne en certains endroits des États-Unis. Le record de pêche est un spécimen de 5,2 kg, capturé au Wisconsin en 1985.

Suceur ballot

Ballot, Carpe ballot, Moxostome ballot
Moxostoma carinatum
River Redhorse

Identification   Le Suceur ballot est un poisson de grande taille, au corps robuste à l'avant et effilé vers l'arrière. Les adultes mesurent 60 cm et pèsent 2,5 kg en moyenne. Ils peuvent cependant excéder 70 cm. La tête est grosse et aplatie sur le dessus. Le museau est épais, bulbeux et proéminent. Il se différencie des autres suceurs par les lobes de la lèvre inférieure qui sont très larges et disposés presque en ligne droite. La coloration générale du corps varie du brun au vert olive avec des reflets bronzés. Les nageoires dorsale, caudale et anale sont rouges mais plus pâles que chez le Suceur rouge.

Habitat   Eaux vives des cours d'eau de dimension moyenne, dont la température estivale dépasse 20°C. Se tient sur les fonds de roche calcaire libres d'envasement.

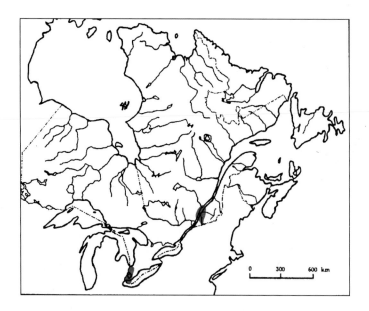

Biologie   Le Suceur ballot fraie au début de l'été à partir de la mi-juin sur des fonds de gravier. Selon leur taille, les femelles peuvent pondre entre 14 000 et 31 000 oeufs. Sa diète se compose surtout d'insectes aquatiques mais inclut également une proportion non négligeable de petits mollusques. Il peut vivre environ 20 ans.

Commentaires   Le Suceur ballot est une espèce particulièrement sensible à la pollution et à l'envasement des cours d'eau. Ces facteurs, croit-on, sont largement responsables du rétrécissement de son aire de distribution et de la faible densité de ses populations. Autrefois abondante, cette espèce est maintenant considérée rare au Québec. Le Suceur ballot est pêché sportivement aux États-Unis et le record officiel est un spécimen de 2,5 kg capturé en Alabama en 1985.

Suceur cuivré

Carpe cuivre, Moxostome cuivre
Moxostoma hubbsi
Copper Redhorse

Identification   Le corps du Suceur cuivré est robuste et plus haut que celui des autres espèces de suceurs. C'est un poisson de grande taille pouvant mesurer 70 cm et peser près de 6 kg. Son dos fortement arqué juste derrière la tête lui donne une apparence bossue. Sa tête est massive et triangulaire. Il se distingue des Suceurs blanc, rouge et ballot par les rangées d'écailles autour du pédoncule caudal au nombre de 16 comparativement à 12 chez ces espèces. En plus de la différence marquée du profil, il se distingue du Suceur jaune par la présence de petits sillons transversaux sur les lèvres. La coloration générale varie d'un lustré cuivré brillant au vert olive.

Habitat   Rivières d'importance moyenne, à courant modéré et à fond dur, généralement constitué de glaise, de sable

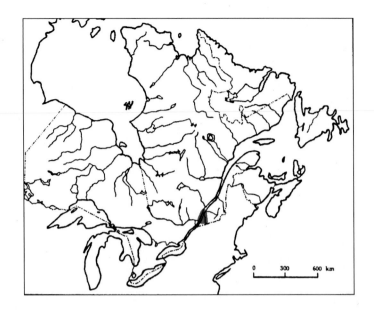

ou de gravier, et dont la température estivale de l'eau dépasse 20°C.

Biologie La biologie du Suceur cuivré n'a été que sommairement étudiée. Le frai a lieu durant les deux dernières semaines de juin, lorsque la température de l'eau atteint environ 20°C. Les sites de frai ont généralement une profondeur inférieure à 2 m, un fond pierreux et un courant modéré. C'est la plus féconde de toutes nos espèces de suceurs. La production d'une femelle varie entre 32 750 et 112 000 oeufs selon sa taille. Le Suceur cuivré est doté d'un appareil digestif hautement spécialisé pour le broyage. Conséquemment, sa diète est presque entièrement constituée de mollusques. La maturité sexuelle est atteinte vers 10 ans. Il peut vivre plus de 20 ans.

Commentaires Découvert en 1942 par le biologiste québécois Vianney Legendre, le Suceur cuivré a une distribution restreinte et il est extrêmement rare. On ne le trouve aujourd'hui que dans la rivière Richelieu et on le considère en danger de disparition. La pollution, l'accroissement de la turbidité et l'envasement des fonds sont autant de causes responsables de son déclin. L'importance scientifique et écologique de ce poisson justifie amplement la protection de son habitat afin d'assurer sa sauvegarde.

Suceur rouge

Mulet, Moxostome à cochon, Carpe aux ailes rouges
Moxostoma macrolepidotum
Shorthead Redhorse

Identification   Le Suceur rouge a le corps relativement allongé et comprimé latéralement. C'est un poisson de taille
moyenne qui mesure habituellement entre 35 et 45 cm. Il a
une tête effilée et sa bouche suceuse, munie de sillons longitudinaux, est relativement petite et nettement moins large
que la tête. Il se différencie des Suceurs jaune et cuivré par
le nombre de rangées d'écailles autour de son pédoncule,
soit 12 comparativement à 16 pour ces derniers. Il se distingue du Suceur blanc par le nombre des rayons à sa nageoire
dorsale qui varie de 12 à 14 comparativement à 15, 16 ou
17 chez ce dernier. Il se distingue par ailleurs du Suceur
ballot par le profil de sa tête et de son nez plus effilé et par
les replis très peu accentués de ses lèvres. La coloration du
dos et du haut des flancs varie du brun à l'olive avec des

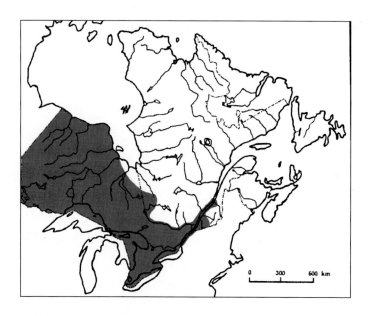

reflets dorés. Les nageoires dorsale, anale et caudale sont presque entièrement ou entièrement rouges.

Habitat   Eaux peu profondes et claires des lacs et des cours d'eau à fond de sable ou de gravier.

Suceur rouge (gros plan)

Biologie Le frai du Suceur rouge a lieu vers la fin mai, généralement sur les fonds graveleux des petits cours d'eau et des rivières. Il se nourrit sur le fond et la presque totalité de son alimentation est composée d'insectes notamment d'Éphéméroptères et de Trichoptères.

Commentaires Bien qu'il soit le plus abondant des suceurs habitant nos eaux, le Suceur rouge demeure néanmoins une espèce peu connue. Il ne fait l'objet d'aucune pêche sportive ou commerciale importante. Ailleurs en Amérique, il est parfois capturé à la ligne. Le record de pêche est un spécimen 2,16 kg, capturé dans l'état de l'Indiana en 1984.

Suceur jaune

Carpe jaune, Moxostome jaune
Moxostoma valenciennesi
Greater Redhorse

Identification   Le Suceur jaune est un suceur de taille
intermédiaire, les adultes mesurant 56 cm et pesant 2,3 kg
en moyenne. Le corps est quelque peu comprimé latéralement, légèrement arqué jusqu'à la nageoire dorsale et effilé
vers l'arrière. La tête est grosse, arrondie et bombée sur le
dessus. La bouche n'est pas surplombée par le museau de
façon aussi évidente que chez les autres suceurs. Il se différencie de plus des Suceurs blanc, rouge et ballot par 16 rangées d'écailles autour du pédoncule caudal comparativement à 12 chez ces espèces. En plus de la différence no-
table du profil et de la coloration, il se distingue du Suceur
cuivré par les replis des lèvres profondément accentués
alors qu'ils sont peu marqués chez ce dernier. La coloration
générale est jaunâtre à reflets bronzés. Les nageoires dorsale, caudale et anale sont rouge foncé.

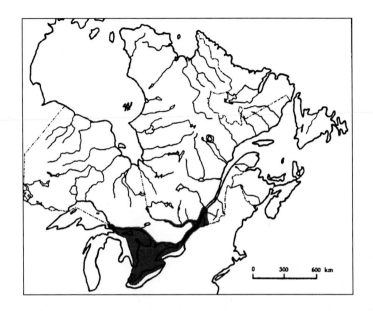

Habitat   Cours d'eau de dimensions intermédiaires aux eaux claires et à fond de sable, de roches ou de gravier libre d'envasement.

Biologie   Le frai du Suceur jaune a lieu de la fin juin au début juillet, lorsque la température de l'eau atteint environ 16°C. Les frayères sont généralement localisées sur des fonds de gravier ou de petits cailloux, à des profondeurs de moins de 2 m et dans un courant modéré. Selon leur taille, les femelles pondent de 25 000 à 51 000 oeufs. Le régime alimentaire se compose principalement de petits crustacés et d'insectes aquatiques. Le Suceur jaune commence à se reproduire vers l'âge de 9 ans et peut vivre jusqu'à 15 ans.

Commentaires   C'est une espèce relativement commune dans le sud-ouest de la province, mais moins importante que les Suceurs rouge et blanc. Ailleurs en Amérique, il est parfois capturé à la ligne. Le record de pêche est un spécimen de 4,16 kg, capturé dans l'état de New York en 1985.

Barbottes, Barbues et Chats-fous
- Famille des Ictaluridés

Cette famille regroupe 45 espèces que l'on trouve seulement en Amérique du Nord, à l'est des Rocheuses, du sud du Canada jusqu'en Amérique Centrale. La taille moyenne des espèces peut varier entre 5 cm et 1,5 m. Leur caractéristique la plus évidente est la présence de 4 paires de barbillons qui dotent les barbottes et les barbues d'un sens du goût hautement développé. Elles sont de plus identifiables par l'absence d'écailles, la présence d'une nageoire adipeuse et d'une épine dentelée à l'avant de l'unique nageoire dorsale et des nageoires pectorales. Les poissons de ces espèces sont typiquement nocturnes. Toutes les espèces de barbottes construisent un nid et prennent soin des oeufs et des jeunes après l'éclosion. Plusieurs espèces ont une valeur commerciale et sportive importante.

Espèces présentes au Québec : 6

Barbotte jaune
Barbotte brune
Barbue de rivière
Barbotte des rapides
Chat-fou brun
Chat-fou liséré

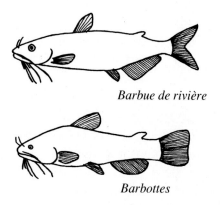

Barbue de rivière

Barbottes

Barbotte jaune

Ictalurus natalis
Yellow Bullhead

Identification   Cette barbotte de taille moyenne mesure ordinairement entre 20 et 30 cm. Elle peut être facilement confondue avec la Barbotte brune. Elles sont discernables l'une de l'autre par les barbillons situés sous le menton; blancs ou jaunâtres chez la Barbotte jaune mais de brun foncé à noirs chez la Barbotte brune. De plus, la queue de la Barbotte jaune est arrondie alors qu'elle est carrée chez la Barbotte brune. La coloration du corps varie de l'olive au brun foncé sur le dos et les flancs, et le ventre est jaune vif. Elle n'est jamais tachetée.

Habitat   Eaux chaudes, baies peu profondes, cours d'eau de faible courant à végétation dense. Moins tolérante aux eaux vaseuses et turbides que la Barbotte brune.

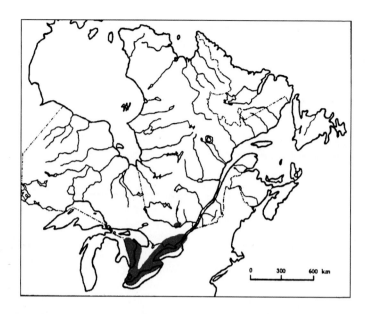

Biologie   Le frai de cette espèce n'a jamais été rapporté dans nos eaux. Ailleurs, elle fraie en mai et juin. Elle construit un nid, prend soin des oeufs et des jeunes. Elle se nourrit la nuit, surtout d'insectes aquatiques, de mollusques et de petits poissons qu'elle détecte en cherchant sur le fond à l'aide de ses barbillons.

Commentaires   La Barbotte jaune est très rare dans nos eaux et peu susceptible d'être observée. Malgré leur coloration, les barbottes de couleur jaune souvent capturées dans les eaux du fleuve Saint-Laurent sont en fait des Barbottes brunes. Le record de pêche sportive est un spécimen de 1,9 kg, capturé en Arizona en 1984.

Barbotte brune

Barbotte
Ictalurus nebulosus
Brown Bullhead

Identification La Barbotte brune est robuste et son corps est massif, mesurant ordinairement entre 20 et 35 cm. Elle possède quatre paires de barbillons dont la plus longue atteint la base de la nageoire pectorale. La queue est carrée ou très peu fourchue. La peau est dépourvue d'écailles. La coloration varie de jaunâtre à presque noire. Les flancs des individus pâles sont souvent marbrés de brun. Tous les barbillons sont brun foncé ou presque noirs.

Habitat Ordinairement près du fond dans les eaux peu profondes et chaudes des lacs et des étangs, avec ou sans végétation. Également dans les baies peu profondes à fond de sable ou de vase des lacs de grande dimension et dans les rivières à eau lente. Parfois plus en profondeur.

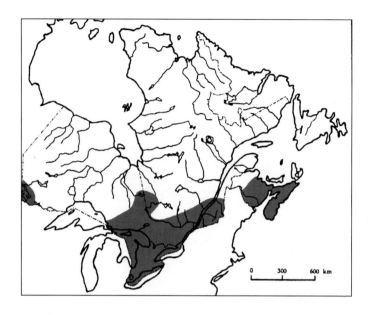

Biologie Le frai de la Barbotte brune a lieu en mai et juin autour des rives des lacs, dans les baies et à l'embouchure des ruisseaux. L'un ou l'autre des parents creuse un nid peu profond dans lequel la femelle peut pondre entre 1 000 et 13 000 oeufs. Les parents prennent soin des oeufs dans le nid et gardent les jeunes pendant plusieurs semaines suivant l'éclosion, jusqu'à ce qu'ils atteignent environ 5 cm. La Barbotte brune est surtout nocturne et se nourrit sur le fond en cherchant sa nourriture à l'aide de ses barbillons. Omnivore, son menu se compose de débris, mollusques, insectes, écrevisses, vers, algues, et également de poissons et oeufs de poissons.

Commentaires La Barbotte brune est l'un des poissons les plus abondants de nos eaux. Elle est très résistante à la pollution et elle est parfois la seule espèce rencontrée dans les cours d'eau fortement contaminés. Elle peut respirer par la peau et s'enfouir dans la vase pour survivre à l'assèchement temporaire d'un plan d'eau. Souvent dédaignée, elle est néanmoins un poisson commercial et sportif important.

Entre 100 et 200 tonnes par année sont capturées commercialement au Québec. La pêche sportive de nuit est populaire dans plusieurs régions. Le record de pêche à la ligne est un spécimen de 2,5 kg, capturé dans l'état de la Georgie en 1975. La Barbotte brune a été malencontreusement introduite dans de nombreux plans d'eau où elle est devenue un prédateur et un compétiteur indésirable d'espèces de poissons plus enviables.

Barbue de rivière

Barbue, Hirondelle
Ictalurus punctatus
Channel Catfish

Identification   La Barbue de rivière est la plus grande espèce de la famille des barbottes qui habite nos eaux. D'un corps massif moins trapu et plus élancé que celui des barbottes, elle mesure ordinairement entre 35 et 50 cm et pèse entre 1 et 2 kg. Elle peut cependant atteindre 73 cm et peser plus de 8 kg dans le fleuve Saint-Laurent. La tête est massive et très large. Les yeux sont plus grands que ceux des barbottes. La Barbue de rivière se différencie facilement des barbottes par sa queue très fourchue. La coloration va de bleu pâle à gris foncé avec souvent des taches chez les jeunes individus.

Habitat   Ordinairement en eau claire et profonde à fond de sable et de gravier des lacs et des grandes rivières.

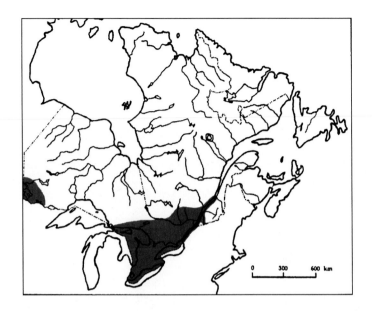

Biologie   Le frai a lieu au début de l'été en juin et juillet. Une femelle de taille moyenne pond environ 8 000 oeufs mais ce nombre peut atteindre 34 000 chez les femelles de grande taille. Les mâles protègent les oeufs. La Barbue de rivière se nourrit tant le jour que la nuit d'une grande variété d'organismes, incluant insectes, crustacés, mollusques, vers et maintes espèces de poissons.

Commentaires   La Barbue de rivière a une certaine importance commerciale dans le fleuve Saint-Laurent mais elle n'est pas aussi recherchée chez nous comme poisson sportif qu'elle l'est aux États-Unis. Elle se capture surtout à la brunante près des rapides. Elle peut atteindre l'âge de 40 ans. Le record mondial de pêche à la ligne est un spécimen pesant 26,3 kg, capturé en Caroline du sud en 1964.

Barbotte des rapides

Noturus flavus
Stonecat

Identification   La Barbotte des rapides est une petite barbotte mesurant ordinairement entre 15 et 20 cm. Elle se différencie des autres barbottes et de la barbue par sa nageoire adipeuse très basse et longue qui se rattache à la nageoire caudale. Elle se différencie du Chat-fou par sa queue carrée et sa mâchoire supérieure qui dépasse l'inférieure. Ses petits yeux sont situés presque sur le dessus de la tête. Les barbillons sont plus courts que chez les autres barbottes. La coloration varie du jaune au brun.

Habitat   Préférablement dans les zones de rapides modérés des rivières à fond de grosses roches. Parfois en lac.

Biologie   La Barbotte des rapides fraie en été, de juin à juillet dans les endroits peu profonds et rocheux des riviè-

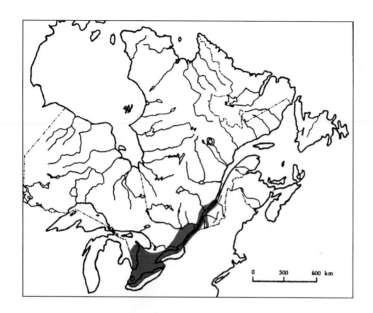

res et des lacs. Le mâle garde le nid. Elle se nourrit surtout d'insectes aquatiques et d'autres invertébrés qu'elle cherche sur le fond.

Commentaires   Les épines des nageoires pectorales sont venimeuses et peuvent infliger des blessures douloureuses mais sans danger.

Chat-fou brun

Chat-fou
Noturus gyrinus
Tadpole Madtom

Identification   Le chat-fou brun est la plus petite espèce
de barbottes de nos eaux. Il mesure en moyenne 7,5 cm.
Son corps est rond à l'avant et fortement comprimé à partir
de la nageoire anale. Les yeux sont très petits. Les mâchoires sont de longueur égale. La nageoire adipeuse se continue avec la nageoire caudale. Cette dernière est longue et
nettement arrondie. La coloration est généralement uniformément brune ou brun foncé.

Habitat   Eaux claires à faible courant, étangs et lacs à
fond vaseux et à végétation abondante.

Biologie   Dans nos eaux, le Chat-fou brun fraie probablement à la fin juin et en juillet dans les eaux peu profondes.
Il se nourrit la nuit, surtout d'insectes aquatiques mais
également d'autres petits invertébrés.

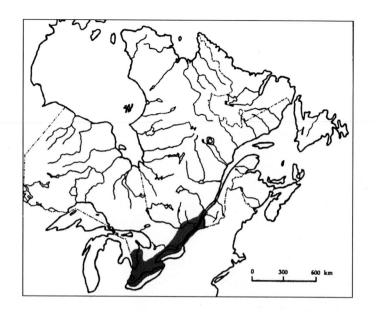

Commentaires   Les épines pectorales du Chat-fou brun sont venimeuses mais sans danger. Ses habitudes discrètes en font un petit poisson difficilement observable. On peut parfois le trouver caché dans les contenants vides traînant au fond de l'eau.

Chat-fou liséré

Noturus insignis
Margined Madtom

Identification   Le Chat-fou liséré est un petite barbotte au corps très élancé, à tête longue et aplatie. Elle mesure habituellement 10 à 12 cm de longueur et excède rarement 15 cm. La nageoire adipeuse est continue avec la nageoire caudale. Cette espèce diffère du Chat-fou brun par son corps nettement plus élancé et son museau plus long qui surmonte la bouche.

Habitat   Zones graveleuses ou rocailleuses des gros ruisseaux et petites rivières à fort courant.

Biologie   Le frai a lieu en été. Les oeufs sont pondus sous une pierre et gardés par le mâle. Comme les autres barbottes, c'est une espèce nocturne.

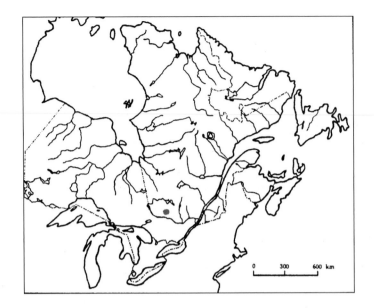

Commentaires   Cette espèce est très rare dans nos eaux et elle a été rapportée seulement dans la région de l'Outaouais. Comme le Chat-fou brun, ses épines pectorales sont venimeuses.

L'Omisco - Famille des Percopsidés

Cette famille de poissons vit strictement en Amérique du Nord et n'est composée que de 2 espèces. Ce sont de petits poissons au corps robuste à tête relativement grosse. Leur nom populaire de Perche-truite vient du fait qu'ils possèdent des traits caractéristiques du groupe des Perches (Perciformes) et de celui des Truites (Salmoniformes). Ainsi, les nageoires sont composées à la fois d'épines (caractéristique des Perciformes) et de rayons mous (caractéristique des Salmoniformes). Les écailles sont similaires à celles des Perciformes à une extrémité et similaires à celles des Salmoniformes à l'autre. Ils possèdent également une petite nageoire adipeuse, trait distinctif des Salmonidés.

Espèce présente au Québec : 1

Omisco

Omisco

Omisco

Perche-truite
Percopsis omiscomaycus
Trout-perch

Identification   L'Omisco est un petit poisson dépassant rarement 10 cm de longueur. La tête est distinctement grosse et quelque peu conique. La présence d'une petite nageoire adipeuse derrière la nageoire dorsale le distingue sans équivoque de toutes les autres petites espèces avec lesquelles il pourrait être confondu. Sa coloration générale est argentée et peut donner l'impression de transparence. Son corps est nettement marqué d'une série de grosses taches noires.

Habitat   Généralement dans les eaux profondes des lacs et des grandes rivières le jour et près du rivage la nuit. Également dans les petits cours d'eau fraîche. Eaux peu profondes dans le nord de sa distribution.

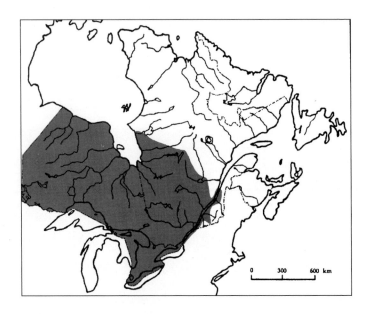

Biologie   L'Omisco fraie généralement en mai, dans des cours d'eau rocailleux et peu profonds. Les oeufs sont relativement gros pour un poisson de petite taille et leur nombre varie entre 240 et 730. La plupart des individus ne se reproduisent qu'une seule fois. L'Omisco semble se nourrir surtout d'insectes mais ingère également des petits poissons. Il est la proie de plusieurs espèces sportives tels que le Doré, le Brochet, le Touladi et l'Omble de fontaine.

Commentaires   L'Omisco est une espèce assez commune dans le fleuve Saint-Laurent, ses tributaires et dans l'ouest de la province.

La Lotte et le Poulamon - Famille des Gadidés

Les Gadidés sont avant tout des poissons marins, vivant sur le fond et que l'on retrouve typiquement dans les eaux nordiques. Les espèces appartenant à cette famille de poissons se distinguent extérieurement par leur grosse tête munie de grandes ouvertures branchiales et de mâchoires terminales ou subterminales. Cependant, le trait le plus caractéristique des Gadidés est un petit barbillon situé sur le menton. Il existe environ 55 espèces de Gadidés dans le monde. La Lotte est la seule espèce véritablement d'eau douce.

Espèces présentes au Québec : 2

Lotte
Poulamon Atlantique

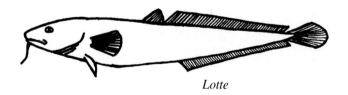

Lotte

Poulamon Atlantique

Lotte

Loche, Queue d'anguille
Lota lota
Burbot

Identification   La Lotte est un poisson au corps allongé qui rappelle celui d'une anguille, presque rond en coupe transversale en avant de l'anus, mais aplati vers l'arrière. Les individus les plus souvent observés mesurent entre 35 et 50 cm et pèsent entre 0,5 et 1,5 kg. En plus de sa forme caractéristique, la Lotte se distingue par un petit barbillon sur le menton et par de longues nageoires dorsale et anale. Ses écailles cycloïdes sont minuscules, pouvant laisser croire à première vue qu'elles sont absentes. La coloration varie du jaune au vert foncé et le corps est marbré de taches plus sombres.

Habitat   Principalement dans les eaux froides et profondes des lacs au sud de son aire de distribution mais également dans les grandes rivières froides plus au nord.

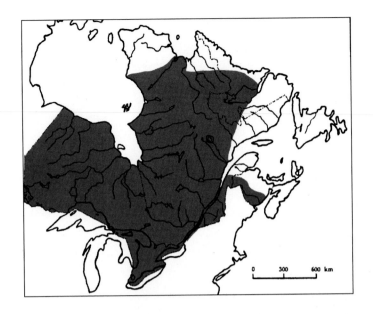

Biologie   La Lotte est l'une des rares espèces de poissons d'eau douce à frayer sous la glace. Le frai a généralement lieu de janvier à mars en eau peu profonde sur un fond de sable et de gravier. Elle pond de petits oeufs d'environ 1 mm de diamètre dont le nombre peut dépasser le million. Elle atteint sa maturité à 3 ou 4 ans et l'âge maximal est probablement de 15 ans. La Lotte est un poisson typiquement nocturne. C'est un prédateur vorace qui à l'âge adulte se nourrit essentiellement d'autres poissons tels que le Cisco, le Corégone, les dorés, la Perchaude, les chabots et les épinoches ainsi que des insectes aquatiques et des écrevisses.

Commentaires   La Lotte est aussi largement répandue dans le nord de l'Europe et de l'Asie qu'en Amérique du Nord. Elle est considérée comme indésirable surtout à cause de son aspect répugnant et sa grande voracité. Elle ne fait l'objet d'aucune pêche commerciale. Elle est régulièrement capturée accidentellement lors de la pêche au Touladi sous la glace. Cependant, dans certaines régions, comme au lac Saint-Jean, elle peut être l'objet principal d'une pêche d'hiver; il existe même un festival de la Lotte au Témiscamingue au cours duquel elle est apprêtée et servie de maintes façons. Le poids record pour la pêche à la ligne est un spécimen de 8,3 kg, capturé au Michigan en 1980.

Poulamon atlantique

Petit poisson des chenaux, Loche, Petite morue
Microgadus tomcod
Tomcod

Identification   Le Poulamon atlantique est un petit poisson au corps allongé. En coupe transversale, il est presque
rond dans la partie antérieure et aplati vers l'arrière. La
longueur moyenne est d'environ 15 à 20 cm mais il peut
atteindre 45 cm. Le Poulamon se différencie de tous les autres poissons de nos eaux douces par la présence de 3 nageoires dorsales. C'est également la seule espèce (avec la
Lotte) qui porte un barbillon sur la pointe du menton. Ses
nageoires pelviennes, situées bien à l'avant du corps, se ter-
minent par un long filament. Ses écailles minuscules sont à
peine visibles. Sa coloration varie généralement du brun au
brun olive avec des teintes jaunes ou vertes au-dessus de la
ligne latérale.

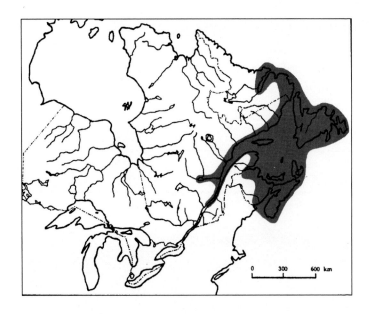

Habitat   Eaux marines côtières peu profondes, eaux saumâtres des estuaires, eaux douces pendant la saison de reproduction. Vit en eau douce au lac Saint-Jean.

Biologie   Le Poulamon compte parmi les rares espèces qui fraient en hiver. Les adultes remontent vers les estuaires et les rivières au début de l'hiver et le frai a généralement lieu en décembre et janvier dans les rivières peu profondes dont le fond est constitué de sable ou de gravier. Les oeufs minuscules, au nombre de 6 000 à plus de 65 000 selon la taille des femelles, sont déposés dans le frasil. Après l'éclosion, les jeunes Poulamons dérivent vers les eaux saumâtres des estuaires où ils passeront leur premier été. La maturité sexuelle est généralement atteinte à 2 ans quoique des individus d'un an peuvent parfois se reproduire. Le Poulamon se nourrit principalement de petits crustacés mais également d'autres poissons tels que des jeunes éperlans et des épinoches.

Commentaires   La pêche hivernale aux petits poissons des chenaux à Sainte-Anne-de-la-Pérade fait partie de notre patrimoine. Elle constitue une activité touristique et commerciale majeure dans la région. Plusieurs populations de Poulamons ont été décimées aux cours des dernières décennies à la suite de la destruction des frayères ou à cause de la pollution.

Le Fondule et le Choquemort
- Famille des Cyprinodontidés

Cette famille regroupe essentiellement des petits poissons au corps trapu dépassant rarement les 20 cm. Chez la majorité des espèces, la tête est aplatie sur le dessus et la bouche protractile est orientée vers le haut, ce qui démontre une adaptation à l'alimentation en surface. Les Fondules se trouvent avant tout en eau douce peu profonde, mais plusieurs espèces fréquentent les eaux saumâtres et même les eaux salées côtières. Cette famille regroupe majoritairement des poissons d'eau chaude et elle est largement répandue tant en Amérique que dans le sud de l'Europe, en Afrique et en Asie. Des quelques 270 espèces dénombrées à ce jour, 48 habitent l'Amérique du Nord.

Espèces présentes au Québec : 2

Fondule barré
Choquemort

Cyprinodontidés

Fondule barré

Petit barré
Fundulus diaphanus
Banded Killifish

Identification Petit poisson au corps allongé et mince, dépassant rarement 10 cm, le Fondule barré se distingue extérieurement des ménés par sa tête aplatie sur le dessus, sa bouche dirigée vers le haut et sa queue arrondie, alors qu'elle est fourchue chez ces derniers. Sa coloration varie généralement du vert au vert olive sur le dos; les flancs plus pâles et à reflets d'argent sont nettement marqués de 12 à 22 barres verticales foncées. Inversement, le Choquemort, avec lequel il peut être confondu, est habituellement marqué de barres pâles sur une livrée plus foncée.

Habitat Eaux herbeuses et peu profondes des lacs, étangs et rivières. À l'occasion en eaux saumâtres des estuaires.

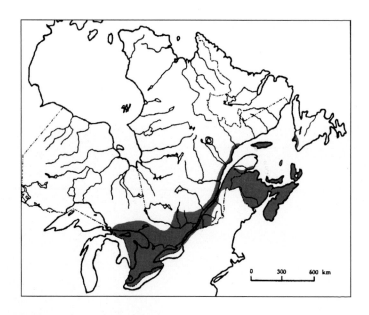

Biologie   Le frai du Fondule barré débute à la fin du printemps lorsque la température de l'eau atteint à peu près 20°C (généralement vers la fin mai), sur des fonds herbeux. La femelle pond entre 50 et 500 oeufs. Les Fondules se déplacent et se nourrissent souvent en banc. Leur régime alimentaire inclut principalement des larves d'insectes.

Commentaires   Comme beaucoup d'autres espèces de petits poissons, le Fondule barré a été très peu étudié dans nos eaux. Il peut servir de poisson-appât et il est probablement un aliment important dans le régime alimentaire d'autres poissons et même d'oiseaux là où on le trouve en abondance, comme aux environs de l'Île d'Orléans. Il semble que le Fondule puisse survivre plusieurs heures hors de l'eau lorsque gardé dans un milieu humide comme la mousse, par exemple.

Choquemort

Fundulus heteroclitus
Mummichog

Identification   Petit poisson au corps épais et d'aspect robuste, le Choquemort est d'une taille moyenne d'environ 7,5 cm mais peut atteindre 13 cm. La bouche est petite, protractile et dirigée vers le haut. Le pédoncule caudal est large, la queue et les nageoires pectorales sont arrondies. Sa coloration générale est vert olive. Il se distingue extérieurement du Fondule barré surtout par la présence de nombreuses barres verticales argentées sur une livrée foncée alors qu'on observe l'inverse chez le Fondule. Les deux espèces se rencontrent rarement dans le même habitat.

Habitat   Avant tout dans les marais salés à forte végétation. Également dans les zones tidales des estuaires aux eaux saumâtres et incursions occasionnelles en eau douce.

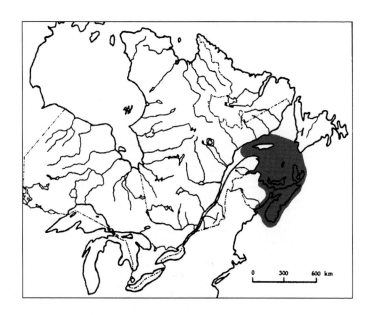

Biologie   Le frai du Choquemort a lieu au début de l'été, en juin et pendant les premières semaines de juillet. La femelle pond jusqu'à 460 oeufs d'un diamètre d'environ 2 mm. Son régime alimentaire est très varié, pouvant inclure algues, crustacés, mollusques et petits poissons.

Commentaires   Vu sa tolérance aux conditions artificielles, le Choquemort est un sujet de laboratoire classique pour les études physiologiques. C'est une espèce particulièrement résistante aux grandes variations de température, de salinité et d'oxygène. Aux États-Unis et dans les provinces maritimes, il est fréquemment utilisé comme poisson-appât.

Le Crayon d'argent - Famille des Athérinidés

Cette famille comprend environ 160 espèces distribuées dans le monde entier, en eau douce et salée. Ce sont des poissons généralement petits, au corps allongé, argentés et parfois translucides. Leurs yeux sont grands et leur bouche terminale est dirigée vers le haut. La plupart des espèces se déplacent en banc et se nourrissent de plancton.

Espèce présente au Québec : 1

Crayon d'argent

Crayon d'argent

Crayon d'argent

Labidesthes sicculus
Brook Silverside

Identification   C'est un petit poisson mince et translucide dépassant rarement 7,5 cm et dont la tête est aplatie sur le dessus. Ses mâchoires pointues forment un petit bec. Il possède deux nageoires dorsales dont la première, petite, porte des épines, ce qui permet de le distinguer des petits Éperlans, avec lesquels il est le plus susceptible d'être confondu. La nageoire anale est nettement plus grande que toutes les autres. Sa coloration générale est vert pâle avec des reflets argentés.

Habitat   Généralement en surface des eaux claires et tranquilles des lacs et rivières.

Biologie   Le Crayon d'argent fraie en été de mai à juillet. Les oeufs orange sont munis d'un long filament qui leur

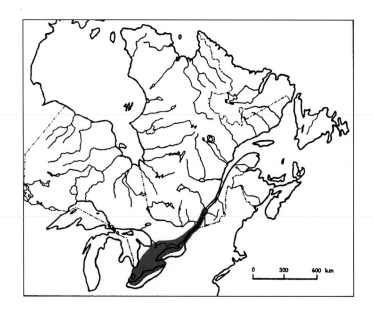

procure un ancrage. Il se nourrit habituellement en surface, surtout de petits crustacés. Il vit tout au plus 2 ans.

Commentaires   Au Québec, on le trouve essentiellement dans le fleuve Saint-Laurent et quelques-uns de ses tributaires.

Les Épinoches - Famille des Gastérostéidés

Les épinoches forment une petite famille de poissons regroupant 8 espèces qui sont distribuées dans les eaux de l'hémisphère nord. Elles sont caractérisées par une grande tolérance à diverses conditions environnementales. Certaines espèces vivent presque uniquement en eau salée et froide, d'autres exclusivement en eau douce et à des températures souvent élevées, et d'autres encore tolèrent autant un type d'habitat qu'un autre. Ce sont de petits poissons ne dépassant pas 10 cm de longueur, au corps fusiforme et au pédoncule caudal élancé. Toutes les épinoches possèdent des épines dorsales et pelviennes bien développées, ce qui les distingue nettement de toutes les autres espèces qui habitent nos eaux. La nageoire caudale est arrondie, la nageoire anale ressemble à la nageoire dorsale molle et elle est précédée d'une épine courte mais forte. Les mâles de la plupart des espèces d'épinoches construisent des nids en utilisant une sécrétion collante et ils protègent agressivement leur territoire. Certaines espèces arborent des couleurs vives en période de reproduction.

Espèces présentes au Québec : 5

Épinoche à quatre épines
Épinoche à cinq épines
Épinoche à trois épines
Épinoche tachetée
Épinoche à neuf épines

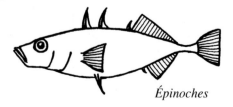

Épinoches

Épinoche à quatre épines

Apeltes quadracus
Fourspine Stickleback

Identification   L'Épinoche à quatre épines a un corps allongé et atteint en moyenne 5 à 6,5 cm. Elle se distingue aisément des autres espèces par ses épines dorsales au nombre de 4 (rarement 5), qui ne sont pas alignées mais inclinées alternativement à gauche et à droite. La quatrième épine est nettement distante des 3 premières. L'Épinoche à quatre épines ne porte ni écailles, ni plaques osseuses. La coloration est généralement olive avec des taches foncées sur les flancs.

Habitat   Eaux marines côtières, estuaires saumâtres, marais salants. Parfois en eau douce, dans les embouchures de rivière.

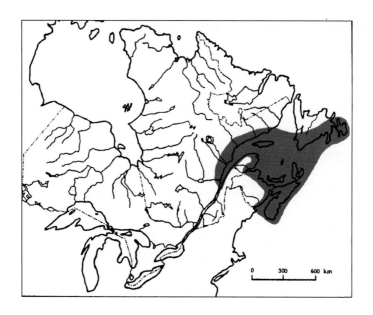

Biologie   L'Épinoche à quatre épines est avant tout une espèce marine que l'on trouve sporadiquement en eau douce. Le frai a lieu de mai à juillet, généralement parmi la végétation des zones intertidales. Le mâle construit le nid à partir de débris de plantes cimentés au moyen d'une sécrétion gluante produite par les reins. Il effectue une parade nuptiale complexe afin d'attirer la femelle au nid. Elle y dépose environ de 15 à 40 petits oeufs. Les mâles ne vivent qu'un an et les femelles parfois une année de plus. L'Épinoche à quatre épines se nourrit surtout de plancton.

Épinoche à cinq épines

Culaea inconstans
Brook Stikleback

Identification   L'Épinoche à cinq épines a un corps fusiforme dépourvu d'écailles qui atteint environ 5 cm de longueur. Elle se distingue par ses épines dorsales courtes, typiquement au nombre de 5 mais pouvant varier de 4 à 6, alignées et à égale distance l'une de l'autre. Les nageoires pelviennes et anale sont précédées d'une épine solide. La coloration est généralement olive, couverte de marbrures pâles sur les flancs. Les mâles deviennent complètement noirs pendant la période du frai.

Habitat   Zones à végétation dense des petits cours d'eau et des lacs d'eau claire.

Biologie   Contrairement aux autres espèces d'épinoches, l'Épinoche à cinq épines vit uniquement en eau douce. Elle

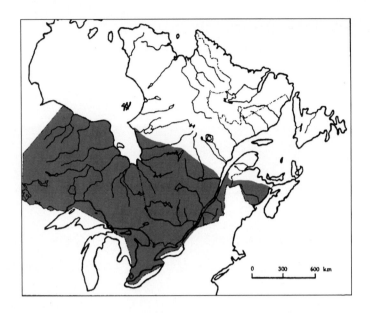

fraie de la fin avril à juillet en eau peu profonde. Le mâle construit un petit nid avec des débris végétaux ou des algues qu'il solidifie à l'aide d'une sécrétion rénale. Il attire les femelles au nid par une parade nuptiale et les incite à y déposer leurs oeufs. Il défend agressivement le nid et sa progéniture. Son régime alimentaire très varié inclut des larves d'insectes, des petits crustacés, des vers et parfois des algues.

Épinoche à trois épines

Gasterosteus aculeatus
Threespine Stikleback

Identification   L'Épinoche à trois épines a le corps fusiforme et aplati latéralement. Elle mesure en moyenne 5 cm
mais peut atteindre 7,5 cm. C'est l'espèce d'épinoche qui
atteint la plus grande taille. Elle se distingue des Épinoches
à quatre et à cinq épines par ses épines dorsales au nombre
de 3 (rarement 2 ou 4), dont les deux premières sont fortes
et disposées à l'avant et la troisième très courte, est espacée
des deux autres, et située juste avant la nageoire dorsale.
Elle se distingue de l'Épinoche tachetée par la présence
d'une carène, sorte de projection horizontale prononcée, de
chaque côté du pédoncule caudal. Le corps peut être nu ou
recouvert de quelques plaques osseuses chez les populations d'eau douce mais les plaques sont plus nombreuses
chez les sujets vivant en milieu marin. La coloration générale est argentée, sauf pendant la saison de reproduction

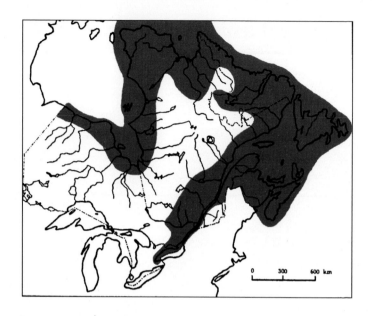

alors que les mâles sont d'un rouge flamboyant et leurs yeux d'un bleu vif et que les femelles ont la gorge et le ventre légèrement rosés.

Habitat   Très variable: eau douce des lacs, rivières et ruisseaux, eau saumâtre des estuaires et des régions côtières, marais salants. Cette épinoche est souvent associée à la présence de végétation.

Biologie   Le frai a lieu en eau douce ou en eau saumâtre, de mai à juillet. Le mâle bâtit un nid en eau peu profonde à partir de débris végétaux et d'algues qu'il fixe à l'aide d'une sécrétion rénale. Il attire à son nid une femelle ou plus par une parade nuptiale complexe. Il protège agressivement son nid et ventile activement les oeufs avec ses nageoires pectorales pour les oxygéner. Il protège les jeunes jusqu'à leur complète autonomie. L'Épinoche à trois épines vit trois ans au maximum. Elle est très vorace et une multitude d'organismes compose son menu, comprenant vers, crustacés, insectes aquatiques et petits poissons. Elle

Épinoche à trois épines (femelle)

pratique même le cannibalisme en certaines occasions. Elle est extrêmement tolérante aux variations de salinité et de température.

Commentaires L'Épinoche à trois épines représente l'une des espèces de poissons les plus variables, tant au point de vue morphologique que physiologique. Ses comportements complexes, qui font l'objet de nombreuses études, fournissent des connaissances importantes sur les relations entre l'écologie et le comportement des poissons.

Épinoche tachetée

Gasterosteus wheatlandi
Blackspotted Stickleback

Identification   Cette petite épinoche au corps trapu atteint environ 5 cm de longueur. L'Épinoche tachetée possède 3 épines dorsales; les deux premières sont nettement plus longues que la troisième. Elle se distingue de l'Épinoche à trois épines par l'absence de carène au pédoncule caudal et la présence de deux cuspides, petites excroissances très aigües, sur chacune des épines pelviennes. La coloration du corps est généralement jaune, maculée de taches noires sur les flancs.

Habitat   Eaux côtières marines et saumâtres, marais intertidaux. Rarement en eau douce.

Biologie   L'Épinoche tachetée fraie en mai et juin, en eau saumâtre peu profonde. Comme chez les autres espèces

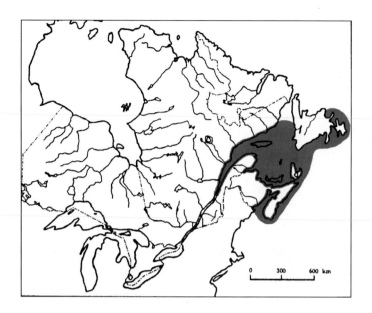

d'épinoches, le mâle construit un nid, y attire la femelle et l'incite à pondre. Il protège farouchement sa progéniture. Cette espèce vit rarement plus d'un an.

Épinoche à neuf épines

Épinochette
Pungitius pungitius
Ninespine Stickleback

Identification L'Épinoche à neuf épines a un corps plus élancé que les autres espèces d'épinoches et atteint en moyenne 6,5 cm. Elle se distingue aisément par ses 9 épines dorsales acérées (parfois 8 ou 10) inclinées en alternance, à gauche et à droite. De plus, le pédoncule caudal est très mince et muni d'une carène bien développée de chaque côté. La coloration du corps est généralement verdâtre ou grise avec des taches foncées distinctes sur les flancs.

Habitat Très varié. Littoral herbeux des lacs de toutes superficies, marais intertidaux, eaux marines côtières.

Biologie L'Épinoche à neuf épines s'adapte à de nombreux habitats et elle est par conséquent l'une des espèces de poissons le plus largement distribuées dans nos eaux. À

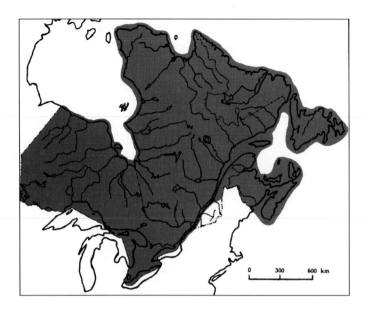

part l'Omble chevalier, c'est l'espèce de poissons d'eau douce que l'on trouve le plus au nord. Bien que tolérante à la salinité, elle fraie toujours en eau douce et ce, pendant tout l'été. Comme chez les autres épinoches, le mâle construit un nid à partir de substances végétales cimentées par une sécrétion rénale. Il attire la femelle au nid par une danse nuptiale et l'incite à y pondre. Il prend soin des jeunes jusqu'à l'âge d'environ deux semaines. L'Épinoche à neuf épines se nourrit principalement d'insectes aquatiques et de petits crustacés.

Les Chabots - Famille des Cottidés

Les Chabots forment un groupe de poissons très distinctifs. Ils ont généralement une grosse tête aplatie et un corps trapu qui s'effile de la tête vers la queue. La bouche est large et les yeux sont situés sur le dessus de la tête. Les nageoires pectorales sont grandes et en forme d'éventail. Les opercules sont munis d'une ou plusieurs épines et le corps est en grande partie dépourvu d'écailles. Ce sont typiquement des poissons de fond et généralement de mauvais nageurs. La plupart des 300 espèces de chabots existantes sont marines et distribuées dans toutes les mers froides ou tempérées du monde. Le genre *Cottus* est cependant largement répandu dans les eaux douces de l'Amérique du Nord, de l'Europe et de l'Asie. Les poissons de ce genre sont en général petits, dépassant rarement 15 cm, et ils vivent le plus souvent sur les fonds pierreux des cours d'eau froide et claire, riche en oxygène. Ce sont des prédateurs qui chassent sur le fond. Ils sont généralement nocturnes et passent souvent inaperçus.

Espèces présentes au Québec : 4

Chabot tacheté
Chabot visqueux
Chabot à tête plate
Chabot de profondeur

Chabots

Chabot tacheté

Cottus bairdi
Mottled Sculpin

Identification   Le Chabot tacheté est un petit poisson à tête large et aplatie, aux yeux situés sur le dessus de la tête. Trois épines, une grosse dirigée vers le haut et l'arrière et deux petites moins apparentes et orientées vers le bas, ornent les préopercules (joues). En plus des épines, l'absence d'écailles sur la surface du corps et les grandes nageoires pectorales en éventail le différencient des dards avec lesquels il pourrait être confondu. Le Chabot tacheté est très difficile à distinguer du Chabot visqueux. En général, le Chabot tacheté possède 4 rayons aux nageoires pelviennes comparativement à trois chez le Chabot visqueux. Mentionnons néanmoins que, de façon relative, le premier a une apparence moins visqueuse que le second. La coloration du corps va du brun pâle à brun foncé avec des taches foncées sur le dos et les flancs.

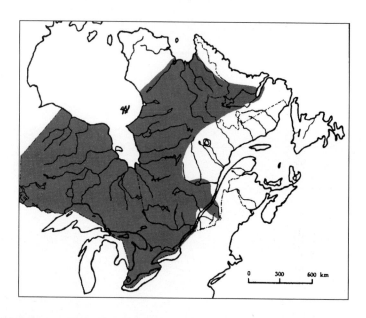

Habitat   Fonds graveleux ou rocailleux des ruisseaux, rivières et lacs d'eau froide.

Biologie   Le frai du Chabot tacheté a lieu au printemps, probablement en mai. Son mode de reproduction est particulier: le mâle choisit un site, généralement sous une roche, attire la femelle en lui faisant la cour et celle-ci dépose ses oeufs collants sur le plafond du nid en se maintenant ventre en l'air. Comme tous les Chabots, il se nourrit sur le fond, chassant à vue des insectes aquatiques et parfois des écrevisses.

Commentaires   Même s'il n'est pas souvent observé, le Chabot tacheté est une espèce commune. Dans les ruisseaux, il peut être une proie importante pour l'Omble de fontaine.

Chabot visqueux

Cottus cognatus
Slimy Sculpin

Identification Le Chabot visqueux est un petit poisson à tête large, aplatie et aux yeux situés sur le dessus de la tête. Sa longueur moyenne est d'environ 7,5 cm mais il peut atteindre 13 cm. Trois épines, une grosse dirigée vers le haut et l'arrière et deux petites moins apparentes orientées vers le bas, ornent les préopercules (joues). Sa peau glissante et sans écailles de même que ses grandes nageoires pectorales en éventail le distinguent au premier coup d'oeil des dards. Il est difficilement différenciable du Chabot tacheté. La coloration est généralement brune, parfois presque noire, tachetée de noir ou de brun foncé. Le ventre est blanc. En période de frai, les mâles deviennent presque noirs et la bordure de leur première nageoire dorsale est ornée d'une bande orange.

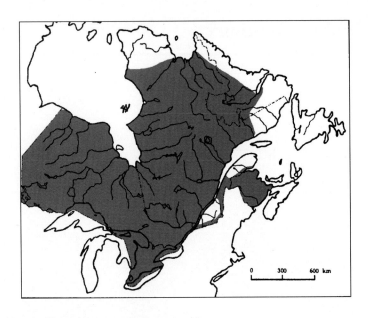

Habitat   Sur les fonds graveleux et rocheux des ruisseaux froids à courant modéré; fonds rocheux des lacs. Générale-ment en eaux plus froides que le Chabot tacheté.

Biologie   Le frai du Chabot visqueux a lieu au printemps, probablement en mai. Son mode de reproduction est essen-tiellement identique à celui du Chabot tacheté. Le mâle choisit un site sous une roche, attire la femelle et celle-ci dépose ses oeufs collants au plafond du nid. Le nid contient des oeufs de plus d'une femelle et le mâle monte la garde des jeunes pendant quelques semaines. Il se nourrit sur le fond, surtout de larves d'insectes aquatiques mais parfois de petits poissons. Il peut constituer une proie importante pour le Touladi et l'Omble de fontaine.

Commentaires   Comme le Chabot visqueux vit dans le même type d'habitat que l'Omble de fontaine, sa présence dans un ruisseau est un bon indicateur d'un milieu conve-nable pour celui-ci.

Chabot à tête plate

Cottus ricei
Spoonhead Sculpin

Identification   Ce Chabot est un petit poisson mesurant en moyenne de 5 à 6,5 cm. Sa tête est très aplatie, encore plus que chez les Chabots tachetés et visqueux, et ses yeux sont situés sur le dessus. Les préopercules sont ornés de 2, 3 ou 4 épines. L'épine supérieure est nettement plus recourbée que chez les Chabots tachetés et visqueux. Il se distingue également de ces derniers par une ligne latérale complète jusqu'à la nageoire caudale. La peau est sans écailles mais souvent rugueuse au toucher. Les nageoires pectorales sont grandes et en éventail. La coloration va du brun pâle au brun foncé avec des marbrures plus foncées sur le dos.

Habitat   Petits cours d'eau à courant rapide, rivières turbides, hauts-fonds et profondeurs des lacs. Incursions dans les eaux saumâtres du fleuve Saint-Laurent.

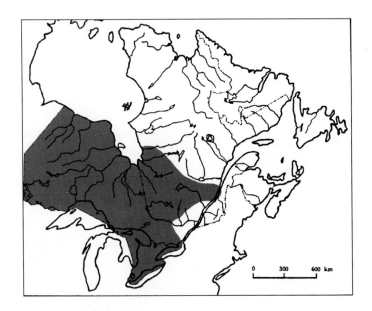

Biologie   La biologie de cette espèce est à peu près inconnue. Le frai a probablement lieu à la fin de l'été ou au début de l'automne. Ses habitudes alimentaires n'ont pas été étudiées. Il peut être une proie importante pour le Touladi et la Lotte.

Commentaires   Le Chabot à tête plate est l'une des espèces de poissons les plus rares dans nos eaux.

Chabot de profondeur

Myoxocephalus quadricornis
Deepwater Sculpin

Identification   Le Chabot de profondeur a le corps allongé
et la tête distinctement grosse et aplatie avec les yeux situés
sur le dessus. Il est de plus grande taille que les autres chabots, mesurant habituellement entre 15 et 20 cm. Il se distingue nettement des autres chabots par la présence de quatre épines; les 2 supérieures étant longues, minces et orien-
tés vers le haut et les 2 autres plus petites et dirigées vers le
bas. Il s'en distingue également par ses 2 nageoires dorsales
nettement séparées alors qu'elles sont partiellement fusionnées chez les autres. Les nageoires pectorales sont énormes
et en éventail. Le corps est dépourvu d'écailles mais la ligne latérale est très évidente et rugueuse au toucher. La coloration générale varie du gris au brun avec des marbrures
sur le dos et les flancs.

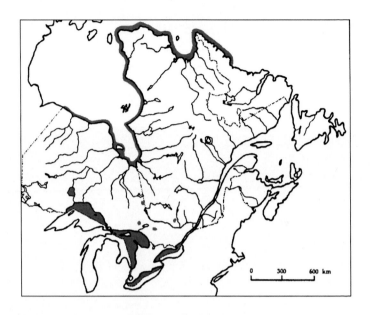

Habitat Eaux saumâtres et peu profondes des estuaires; incursions fréquentes en eau douce dans les régions nordiques, eau très profonde de certains lacs.

Biologie Le frai du Chabot de profondeur a probablement lieu en été jusqu'au début de l'automne. Le mâle défend farouchement le nid. Il se nourrit principalement de petits crustacés.

Commentaires Il existe dans nos eaux une forme d'eau douce et une forme estuarienne du Chabot de profondeur. La première est très rare et n'a été rapportée au Québec que dans les profondeurs du lac Heney en Gatineau. Ces populations d'eau douce auraient vraisemblablement été isolées dans des lacs profonds au cours de la dernière glaciation. Les crustacés qu'ils consomment sont également des reliques de l'époque glaciaire. La forme estuarienne est beaucoup plus commune et particulièrement abondante dans les baies James et d'Hudson.

Les Bars et le Baret
- Famille des Percichthyidés

Cette famille regroupe environ 50 espèces qui habitent surtout les eaux marines côtières tempérées et tropicales du monde entier. Elle comporte également certaines espèces anadromes et d'eau douce. Ce sont des poissons carnivores qui consomment une grande variété d'organismes incluant larves d'insectes, crustacés, nombre d'autres invertébrés ainsi que plusieurs espèces de poissons. Ils ont des mâchoires fortes, munies de dents bien développées. Ils possèdent 2 nageoires dorsales, dont la première est armée d'épines. Elles sont nettement ou presque entièrement séparées, ce qui permet de distinguer les bars des membres de la famille des Centrarchidés (Achigans et Crapets). Leur nageoire anale est précédée de 3 épines bien développées, ce qui les distingue des Percidés qui n'en possèdent qu'une ou deux. Ce sont des poissons de grande importance commerciale et sportive.

Espèces présentes au Québec : 3

Baret
Bar blanc
Bar rayé

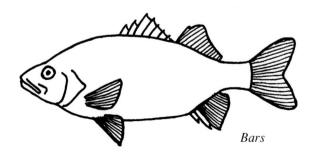

Bars

Baret

Gatte, Bar-perche, Perche blanche
Morone americana
White Perch

Identification   Le Baret a le corps haut, aplati latéralement et le dos arqué. Sa longueur habituelle varie entre 20 et 25 cm. Ses 2 nageoires dorsales sont légèrement unies à la base par une membrane, ce qui le distingue du Bar blanc et du Bar rayé, chez qui ces nageoires sont complètement séparées. Il se distingue également de ces 2 espèces par l'absence de bandes latérales foncées sur les flancs. La coloration du dos varie de l'olive au brun foncé et devient argentée sur les flancs.

Habitat   Habitats très variés : rivières et lacs à eau tempérée, eaux saumâtres des baies et des estuaires.

Biologie   Le Baret est principalement une espèce anadrome de la côte est américaine. Dans ces régions, il fréquente

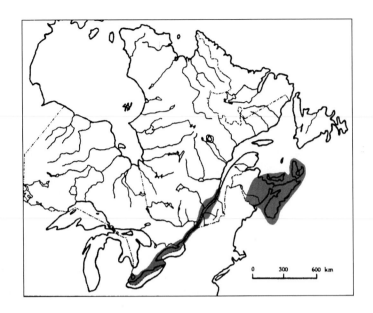

les eaux côtières saumâtres et remonte en eau douce pour frayer. Dans nos eaux, il habite avant tout les eaux douces. Le frai a lieu à la fin du printemps, en mai et juin, en eau peu profonde sur n'importe quel type de fond. Les oeufs sont petits, leur diamètre variant entre 0,5 et 0,7 mm et leur nombre jouant entre 20 000 et 320 000 selon la taille de la femelle. Ils sont collants et adhèrent à la végétation, aux roches et aux débris divers. Le Baret se nourrit le soir, d'une grande variété de proies: zooplancton, larves d'insectes et plusieurs espèces de poissons. Il semble par contre que très peu d'espèces de poissons s'en nourrissent. Il paraît particulièrement peu sensible aux infections parasitaires. Ces facteurs contribuent certainement au fait que le Baret réussit à vivre facilement dans un milieu nouvellement réaménagé et s'y multiplie rapidement.

Commentaires Le Baret est un poisson de grande importance économique et sportive sur la côte est américaine. Il attire cependant peu d'intérêt chez nous. Les populations des provinces maritimes n'atteignent généralement pas une taille suffisante pour attirer les pêcheurs sportifs. Ils peuvent toutefois atteindre une taille respectable dans le fleuve Saint-Laurent, dans la région de Québec particulièrement, mais il y demeure méconnu, probablement à cause de son apparition récente qui ne daterait que des années cinquante. Le record de pêche est un spécimen mesurant 48 cm et pesant 2,15 kg, capturé dans l'état du Maine en 1949.

Bar blanc

Morone chrysops
White Bass

Identification Le Bar blanc est un poisson au corps haut, aplati latéralement, d'une taille variant ordinairement entre 25 et 30 cm et pesant entre 225 et 450 g. Les deux nageoires dorsales sont complètement séparées, ce qui le distingue du Baret. De plus, ses flancs sont ornés de 5 à 7 barres horizontales foncées. Il se différencie du Bar rayé par son dos arqué qui lui donne une allure beaucoup moins élancée et par une nageoire anale munie de 12 ou 13 rayons mous (plutôt que de 9 à 11). La coloration générale du corps est nettement argentée.

Habitat Eaux peu profondes et modérément claires des grands lacs et rivières au-dessus des fonds graveleux et rocailleux.

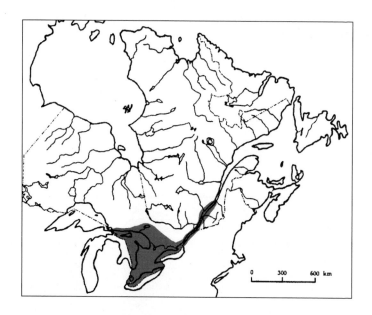

Biologie   Contrairement au Baret et au Bar rayé, le Bar blanc n'est pas anadrome. Le frai a lieu en mai ou juin selon la région sur les hauts-fonds des lacs ou à l'embouchure des rivières. Entre 242 000 et 933 000 oeufs sont pondus, soit en moyenne plus d'un demi-million. Le Bar blanc semble utiliser beaucoup plus la vision que l'odorat pour localiser ses proies, contrairement à plusieurs espèces. Cette particularité peut expliquer en partie sa préférence pour les eaux limpides plutôt que turbides. Les adultes se nourrissent avant tout d'autres poissons mais également d'insectes aquatiques et de crustacés.

Commentaires   Le Bar blanc est un poisson sportif très estimé dans l'est des États-Unis. Sa distribution et son abondance sont cependant trop limitées dans nos eaux pour susciter l'intérêt des pêcheurs. Le record de pêche est un spécimen de 3,1 kg, capturé en Virginie en 1989.

232

Bar rayé

Bar d'Amérique, Bar de mer
Morone saxatilis
Striped Bass

Identification   Le corps du Bar rayé est allongé, mais beaucoup moins aplati latéralement que celui du Bar blanc et du Baret. La longueur normale observée est ordinairement de 50 à 75 cm mais elle peut être beaucoup plus considérable. Sa bouche est grande et armée de nombreuses petites dents. Ses deux nageoires dorsales sont complètement séparées. Il porte sur chaque flanc 7 ou 8 rayures horizontales. La nageoire anale comporte de 9 à 11 rayons mous comparativement à 12 ou 13 chez le Bar blanc. Sa coloration va du bleu acier au noir sur le dos et les flancs sont argentés.

Habitat   Eaux côtières marines peu profondes. En rivière au moment de la reproduction.

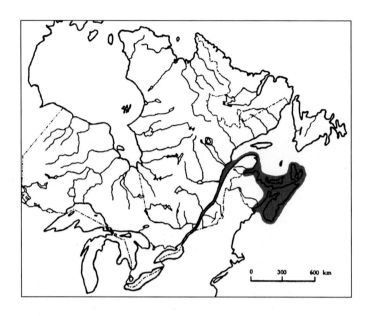

Biologie   Le Bar rayé est une espèce anadrome. Dans nos latitudes, le frai a généralement lieu en mai et juin. Les géniteurs de certaines populations remontent les rivières à l'automne, hivernent en eau douce et remontent vers les frayères au printemps. L'âge des géniteurs à leur première reproduction est en moyenne de 4 ans. La fécondité du Bar rayé est élevée. La plupart des femelles pondent entre 180 000 et 700 000 oeufs, selon leur taille. Les oeufs sont munis d'une grosse goutte d'huile qui leur permet de flotter et d'être ainsi entraînés par le courant depuis les frayères jusqu'aux aires d'alimentation des futurs larves et alevins. Les larves se nourrissent de zooplancton et plus tard, les jeunes poissons consomment divers crustacés de petite taille et autres invertébrés. Les adultes se nourrissent principalement de poissons tels que Harengs, Éperlans, Poulamons et Aloses.

Commentaires   Dans toute son aire de distribution, le Bar rayé est un poisson très estimé des pêcheurs sportifs. Il supporte également une industrie commerciale. Le fleuve

Saint-Laurent était jadis l'hôte d'une population très importante de Bar rayé. On le trouvait en amont jusqu'au lac Saint-Pierre et parfois jusque dans la région de Montréal. Des tournois de pêche importants étaient organisés de Québec à Montmagny au cours desquels des individus de quelque 10 kg étaient capturés. Un Bar rayé de 14 kg et âgé de 19 ans a été capturé dans le fleuve. Malheureusement, les travaux de dynamitage et de dragage, de même que le braconnage sur les frayères et la surexploitation, ont mené à la disparition du Bar rayé dans le fleuve Saint-Laurent. Il est souhaitable que l'on procède bientôt à la réintroduction de l'espèce dans nos eaux . Le record de pêche sportive est un spécimen de 35,6 kg, capturé au New Jersey en 1982. Le plus grand spécimen rapporté a été capturé en Caroline du Nord; il mesurait 1,8 m et pesait 56,7 kg.

Les Crapets et les Achigans
- Famille des Centrarchidés

Cette famille regroupe 32 espèces dont la taille varie de petite à modérée et qui sont toutes originaires de l'Amérique du Nord. Certaines espèces, telles que les achigans, ont été cependant largement introduites ailleurs. Ce sont des poissons généralement trapus et au corps aplati latéralement. La nageoire dorsale comporte une partie épineuse et une partie molle qui sont réunies à des degrés variables selon l'espèce. La nageoire anale est toujours précédée d'au moins 3 épines solides. Ces 2 dernières caractéristiques des Centrarchidés permettent de les distinguer aisément de leurs proches parents, les Percidés, dont les 2 nageoires dorsales ne sont pas unies et l'épine anale est double. La nageoire caudale est toujours fourchue. Les Centrarchidés sont avant tout des poissons d'eau chaude. Cette famille comprend plusieurs espèces sportives d'importance. Certaines d'entre elles sont parmi les poissons les plus colorés de nos eaux.

Espèces présentes au Québec : 7

Crapet de roche
Crapet-soleil
Crapet arlequin
Crapet à longues oreilles
Achigan à petite bouche
Achigan à grande bouche
Marigane noire

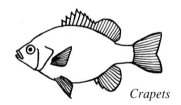

Crapets

Achigans

Crapet de roche

Crapet aux yeux rouges
Amplobites rupestris
Rock Bass

Identification   Le Crapet de roche a le corps aplati latéralement, mais à un degré moindre que les autres crapets.
Les individus généralement observés mesurent entre 10 et
25 cm et pèsent rarement plus de 225 g. La nageoire anale
du Crapet de roche est précédée de 6 épines, ce qui le distingue aisément des autres crapets. Ses yeux particulièrement grands sont de teinte orangée ou rougeâtre. Les 2
nageoires dorsales sont nettement réunies pour n'en former
qu'une seule. C'est le moins coloré de nos crapets. Le corps
brun-olive est marqué de taches plus sombres, particulièrement évidentes chez les jeunes individus. Chaque écaille
sous la ligne latérale porte une grosse tache noire.

Habitat   Zones rocheuses et peu profondes des lacs; zones
chaudes et calmes des cours d'eau à végétation dense.

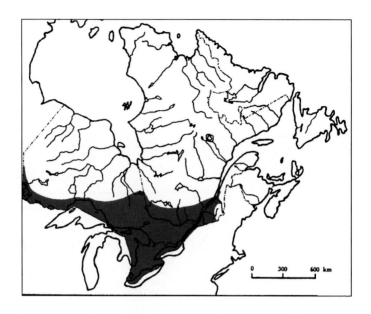

Biologie   Le Crapet de roche fraie en juin et au début juillet, lorsque la température de l'eau atteint 15 à 20°C. Le mâle creuse un nid circulaire sur un fond graveleux, en eau peu profonde. Il attire la femelle au nid et l'incite à pondre ses oeufs, dont le nombre moyen varie de 2 000 à 11 000 selon sa taille. Le mâle seul assure la garde du nid et protège les jeunes pendant un certain temps après l'éclosion. Le Crapet de roche peut vivre au delà de 10 ans. Son régime est largement composé d'insectes aquatiques, d'écrevisses et dans une moindre mesure de petits poissons.

Commentaires   Le Crapet de roche se trouve fréquemment dans les mêmes eaux que l'Achigan à petite bouche et le Crapet-soleil avec lesquels il entre probablement en compétition pour la nourriture. Il n'est pas un poisson sportif reconnu mais il est régulièrement capturé de façon accidentelle. Le record de pêche est un spécimen pesant 1,36 kg, capturé en Ontario en 1974.

Crapet-soleil

Lepomis gibbosus
Pumkinseed

Identification   Le corps du Crapet-soleil est particulièrement aplati et presque circulaire vu de profil. Il mesure en
moyenne entre 10 et 15 cm. La nageoire anale possède 3
épines acérées, ce qui le distingue du Crapet de roche qui
en possède 6. De plus, sa brillante coloration le différencie
sans problème de ce dernier. Les joues et les opercules du
Crapet-soleil sont traversés de lignes d'un bleu vif particulièrement évidentes chez le mâle. L'extrémité de l'opercule
(volet operculaire) est foncée et marquée à la marge d'un
point rouge écarlate. Ces 2 dernières caractéristiques le différencient du Crapet arlequin avec lequel il peut être confondu. Le corps est parsemé d'écailles de couleur rouille.
Des barres verticales sombres sont parfois évidentes chez
les jeunes et la femelle.

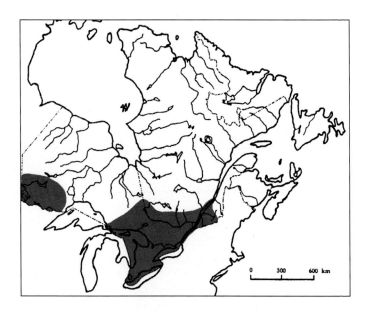

Habitat Petits lacs, zones herbeuses et peu profondes des lacs plus grands et des cours d'eau à faible courant.

Biologie Le frai du Crapet-soleil débute en juin lorsque la température de l'eau atteint 20°C et peut se poursuivre jusqu'au début août. À cette époque, le mâle devient plus coloré et très agressif. Comme chez les autres crapets, il construit un nid, qui consiste en une légère dépression résultant du balayage du substrat par des mouvements énergiques de ses nageoires. Les nids sont généralement à une profondeur de 15 à 30 cm. Le mâle attire la femelle au nid par une cour élaborée. Elle y dépose ses oeufs adhésifs, dont le nombre varie de 1 500 à 3 000. Le mâle garde le nid et protège les jeunes jusqu'à quelques jours après l'éclosion. Le frai débute généralement vers l'âge de 2 ans. L'âge maximal atteint par le Crapet-soleil est de 10 ans. Son régime alimentaire inclut principalement des insectes aquatiques mais également des mollusques et des petits poissons.

Commentaires   C'est l'espèce de crapet réussissant le mieux dans nos régions et par conséquent la plus abondante. Le Crapet-soleil se trouve souvent en très grand nombre dans plusieurs petits lacs et se capture aisément à la ligne. Il est peu recherché des pêcheurs sportifs mais il a néanmoins constitué la première capture de bien des débutants. Le record de pêche sportive est un spécimen pesant 630 g, capturé dans l'état de New York en 1985. Il est l'objet d'une certaine exploitation commerciale au verveux et il est surtout écoulé dans les marchés des grandes villes. Il a été largement introduit en Europe.

Crapet arlequin

Crapet à oreilles bleues
Lepomis macrochirus
Bluegill

Identification Le Crapet arlequin est le plus gros des crapets qui se rencontrent dans nos eaux. Il a un corps très comprimé au profil arrondi. La longueur moyenne varie de 18 à 20 cm. Comme le Crapet-soleil, ses nageoires dorsales épineuses et molles sont nettement réunies pour n'en former qu'une seule. La nageoire anale est ornée de 3 épines fortes. Le Crapet arlequin se distingue du Crapet-Soleil principalement par sa coloration qui est moins vive que celle du Crapet-soleil. Ses opercules ne sont décorés d'aucune ligne colorée et l'extrémité de l'opercule est uniformément noire, sans la tache écarlate typique du Crapet-soleil. Il arbore une grosse tache noire sur la partie molle de la nageoire dorsale. Le corps est généralement d'un bleu-vert et une série de bandes verticales plus sombres sont fréquemment apparentes sur les côtés, du dos jusqu'au

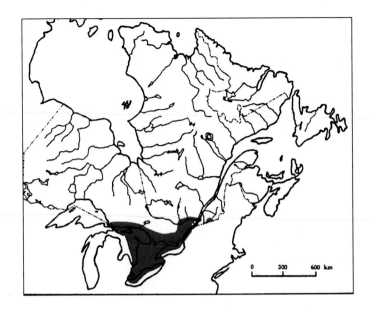

ventre. La gorge et le thorax sont souvent jaunes ou orangés.

Habitat   Zones peu profondes, herbeuses et chaudes des
lacs, petits et grands, et des petits cours d'eau à faible courant.

Biologie   Comme chez les autres crapets, le frai du Crapet
arlequin débute en juin et le mâle construit un nid en net-
toyant une légère dépression à l'aide de ses nageoires. À
cette époque, il devient très agressif et défend ardemment
son territoire contre les intrus. Il courtise plus d'une femelle
et les incite à déposer leurs oeufs adhésifs, de couleur ambre. Il monte la garde du nid quelque temps après l'éclosion. Au sein d'une même population, il peut exister une
autre forme de mâle utilisant une stratégie de reproduction
fort différente de celle déjà décrite. Ce dernier atteint une
taille de beaucoup inférieure à celle du premier. Il ne construit pas de nid et n'effectue pas de cour. Il se tient plutôt à
l'affût près d'un nid déjà construit et, profitant d'un mo-

243

ment d'inattention du gros mâle, il se faufile pour féconder les oeufs déposés par une femelle dès qu'elle les relâche. Ce genre de comportement, très curieux mais tout aussi efficace que le premier, a également été observé chez des espèces aussi différentes que le Saumon du Pacifique et l'Épinoche à trois épines. Le Crapet arlequin se nourrit principalement d'insectes aquatiques et de petites écrevisses.

Commentaires Quoiqu'étant l'espèce de crapet la plus abondante en Amérique, le Crapet arlequin est très peu commun dans nos eaux et sa distribution est beaucoup plus restreinte que celle du Crapet-soleil, probablement à cause de sa moindre tolérance aux rigueurs de nos hivers. Il est beaucoup plus présent dans le sud de l'Ontario où il fait l'objet d'une pêche sportive. Le record de pêche sportive est un spécimen de 38 cm pesant 2,15 kg, capturé en Alabama en 1950.

Crapet à longues oreilles

Lepomis megalotis
Longear Sunfish

Identification   Le Crapet à longues oreilles est le moins commun et le plus petit des crapets que l'on trouve dans nos eaux. Sa taille dépasse rarement 10 cm. Comme les autres crapets, ses 2 nageoires dorsales sont bien fusionnées et sa nageoire anale possède 3 épines. Il se différencie des autres espèces par son long volet operculaire noir orné d'une marge rouge ou jaune, et tourné vers le haut.

Habitat   Zones herbeuses des petits lacs et des cours d'eau à courant faible ou modéré.

Biologie   Le Crapet à longues oreilles n'a pas été étudié chez nous. Aux États-Unis, il fraie de juin à août. Le mâle construit et protège le nid comme chez les autres crapets. Il se nourrit principalement d'insectes.

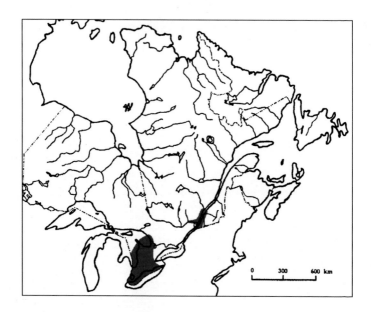

Commentaires   Le Crapet à longues oreilles est l'une des espèces les plus rares dans nos eaux. Aux Étas-Unis, il fait l'objet de pêche sportive et le record est un spécimen de 790 g, capturé dans l'état du Nouveau-Mexique en 1985.

Achigan à petite bouche

Achigan noir
Micropterus dolomieui
Smallmouth Bass

Identification L'Achigan à petite bouche a un corps robuste, nettement moins comprimé que celui des crapets. Les spécimens observés chez nous mesurent généralement entre 20 et 38 cm de longueur et pèsent entre 250 g et 1 kg. Des individus de plus grande taille ne sont pas exceptionnels. La tête est large et la bouche relativement grande. Le maxillaire (os de la mâchoire supérieure) ne dépasse jamais le bord postérieure de l'oeil contrairement à l'Achigan à grande bouche. La nageoire anale est armée de 3 fortes épines. Les épines de la première nageoire dorsale sont courtes et relativement de même longueur comparativement à celles de l'Achigan à grande bouche. Pour cette raison la nageoire dorsale n'est que légèrement arrondie chez l'Achigan à petite bouche mais nettement arquée chez l'Achigan à grande bouche. De plus, les nageoires dorsales épineuses

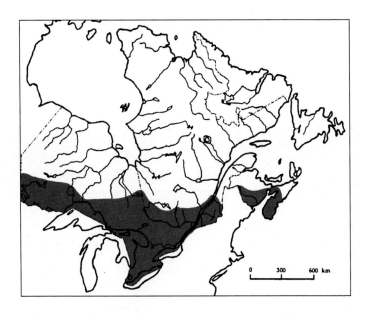

et molles sont jointes de façon plus marquée que chez l'Achigan à grande bouche et les nageoires pelviennes sont unies par une membrane. Les deux espèces diffèrent également par leur coloration. Des bandes verticales sombres plus ou moins floues ornent les flancs de l'Achigan à petite bouche, notamment chez les jeunes. Les jeunes ont également une nageoire caudale très distincte, orange à la base et bordée de noir puis de blanc à l'extrémité. Cette coloration peut disparaître et réapparaître selon l'humeur du poisson. La coloration générale du corps varie énormément selon l'environnement. Le dos va du vert pâle au brun foncé et les flancs sont plus pâles, tirant généralement sur le doré. Les yeux sont souvent rouges ou orangés.

Habitat   Zones rocailleuses peu profondes des lacs et rivières aux eaux claires. Il utilise fréquemment les arbres morts et les grosses pierres pour s'abriter. L'Achigan à petite bouche ne réussit pas très bien dans les lacs où la température de l'eau devient excessivement chaude en été (plus de 26°C) ou demeure trop fraîche (moins de 15°C).

Biologie   Le frai de l'Achigan à petite bouche a lieu au printemps et débute quand la température de l'eau atteint 15 à 20°C, généralement entre la mi-mai et la mi-juillet. Le mâle recherche les fonds rocheux ou sablonneux sur lesquels il construit un nid pouvant atteindre près de 2 m de diamètre. Le nid est nettoyé de tous les débris par des mouvements vigoureux de la queue. Il attire la femelle au nid et l'incite à pondre en exécutant une parade nuptiale complexe. Le nombre d'oeufs varie de 5,000 à 14,000 selon la taille de la femelle. Le mâle peut inciter jusqu'à trois femelles à déposer leurs oeufs dans son nid. Après le frai, le mâle défend farouchement le nid et les oeufs. Après l'éclosion, il protège les jeunes jusqu'à ce qu'ils aient environ deux semaines. L'Achigan à petite bouche est carnivore. La diète des adultes est composée surtout d'écrevisses et de poissons tels que la Perchaude, les crapets et les ménés. Les jeunes Achigans se nourrissent davantage d'insectes aquatiques.

Commentaires   L'Achigan à petite bouche est un poisson sportif très important partout où on le rencontre. Son ardeur au combat lorsque ferré fait l'objet de nombreuses histoires de pêcheurs souvent véridiques. Le record canadien est un spécimen mesurant 58,4 cm et pesant 4,15 kg, capturé en Ontario. Le record mondial est un poisson de 68,6 cm pesant 5,4 kg, capturé dans l'état du Kentucky en 1955.

Achigan à grande bouche

Micropterus salmoides
Largemouth Bass

Identification   L'allure du corps de l'Achigan à grande bouche est semblable à celle de l'Achigan à petite bouche. Il mesure en moyenne de 20 à 38 cm de longueur mais peut atteindre une taille beaucoup plus considérable. Il se distingue de l'Achigan à petite bouche principalement par sa bouche plus grande dont le maxillaire dépasse le bord postérieur de l'oeil (pas nécessairement chez les très jeunes individus). De plus, la nageoire dorsale est plus haute et les épines de longueurs non uniformes. Les 2 nageoires dorsales sont presque entièrement séparées. La coloration générale du corps varie du vert brillant à l'olive. Les flancs ne sont pas marqués de barres verticales mais plutôt d'une large bande noire horizontale qui traverse tout le corps. Cette bande est très évidente chez les jeunes mais s'estompe parfois chez les adultes.

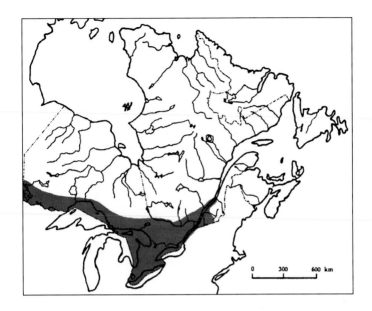

Habitat Eaux chaudes des petits lacs et des baies peu profondes. Parfois dans les rivières à courant faible. Il fréquente rarement les habitats rocailleux typiques de l'Achigan à petite bouche mais préfère plutôt les substrats mous à végétation dense. Il tolère également des eaux plus chaudes et plus turbides.

Biologie Le frai a lieu en juin et juillet et débute lorsque la température de l'eau atteint environ 17 à 18°C. Le mâle construit un nid en eau peu profonde sur des dépôts meubles parmi la végétation émergente. Il défend farouchement son territoire. Le nombre d'oeufs pondus varie entre 4,000 et 14,000 par kg du poids de la femelle. La maturité sexuelle est atteinte vers l'âge de 3 ou 4 ans chez le mâle et vers 4 ou 5 ans chez la femelle. L'Achigan à grande bouche se nourrit avant tout de poissons mais son menu compte également des écrevisses, des grenouilles et divers insectes aquatiques. Sa longévité est d'environ 15 ans.

Commentaires L'Achigan à grande bouche se retrouve dans nos eaux en moins grande abondance que l'Achigan à petite bouche. C'est un poisson sportif de grande importance particulièrement dans le sud-est des États-Unis où il atteint une taille considérable. Le record de pêche à la ligne est un spécimen de 97 cm de longueur pesant 10,1 kg, capturé en Georgie en 1932.

Marigane noire

Calico, Crapet calico
Pomoxis nigromaculatus
Black Crappie

Identification   La Marigane noire a le corps très haut et extrêmement aplati. Elle mesure ordinairement entre 18 et 25 cm de longueur mais sa taille maximale chez nous peut atteindre de 30 à 35 cm et son poids jusqu'à 1 kg. La tête est plus longue que chez les autres crapets et marquée d'une dépression au-dessus de l'oeil. Elle se distingue également par les épines de sa nageoire dorsale qui sont au nombre de 7 ou 8 comparativement à 10, 11 ou 12 chez les crapets. Sa nageoire dorsale est reculée et de forme presque identique à la nageoire anale. Cette dernière est munie de 6 épines. La coloration générale varie du vert foncé au noir sur le dos et les flancs sont pâles, à reflets argentés, et marqués de nombreuses taches foncées et irrégulières. Les nageoires sont également tachetées.

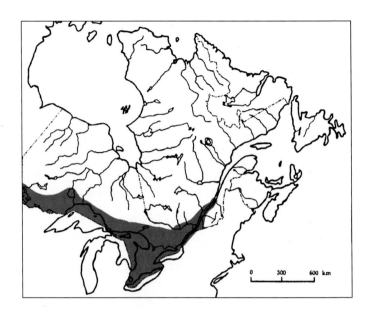

Habitat Eaux tranquilles et chaudes des lacs de toutes dimensions, de même que des rivières à faible courant. Généralement associée à la végétation dense.

Biologie Le frai de la Marigane noire débute lorsque la température de l'eau atteint environ 20°C, généralement vers la fin mai, et se poursuit jusqu'en juillet. Le mâle dégage une légère dépression sur un fond de sable ou de gravier habituellement dans moins d'un mètre d'eau. Il garde le nid, ventilant les oeufs avec ses nageoires jusqu'à l'éclosion. La femelle peut pondre dans plus d'un nid, et le nombre des oeufs varie entre 25 000 et 65 000 selon sa taille. L'âge maximal est d'environ 10 ans. La Marigane noire se nourrit principalement de plancton et de larves d'insectes jusqu'à ce qu'elle atteigne la taille de 15 cm après quoi son menu inclut plusieurs espèces de petits poissons dont le plus important est la Perchaude. C'est une espèce grégaire qui voyage souvent en banc.

Commentaires   Malgré son abondance, la Marigane noire est un poisson relativement peu exploité par les pêcheurs du Québec. Elle fait cependant l'objet d'une pêche sportive et commerciale intense en Ontario. Le record de pêche à la ligne est un spécimen pesant 2,05 kg, capturé en Virginie en 1981. Sa chair est apparemment aussi bonne que celle du Doré. C'est l'une de nos plus belles espèces de poisson d'eau douce.

Les Perches - Famille des Percidés

Cette importante famille de poissons regroupe uniquement des espèces d'eau douce. Quoique la grande majorité d'entre elles soient limitées à l'Amérique du Nord, certaines, telles que la Perchaude et la Sandre, se trouvent en Europe et en Asie. Les Percidés ont deux nageoires dorsales, l'une épineuse et l'autre à rayons mous, séparées l'une de l'autre, contrairement aux Centrarchidés. La nageoire anale est munie d'une ou deux épines, ce qui distingue les perches des bars qui eux en possèdent trois. Les nageoires pelviennes sont situées bien en avant, en position thoracique. Ce sont avant tout des poissons prédateurs. Cette famille se divise en deux groupes distincts: celui de la Perchaude et des dorés, et celui des dards. Le groupe des dards est très diversifié et comprend des espèces de petite taille, mesurant généralement moins de 10 cm de longueur, qui vivent sur le fond en se déplaçant habituellement à l'aide de leurs grandes nageoires pectorales. Plusieurs espèces sont très brillamment colorées en saison de reproduction. S'accommodant d'une grande variété d'habitats, près de 160 espèces de Percidés, toutes étant des dards sauf trois, vivent dans les eaux nord-américaines.

Espèces présentes au Québec : 11

Dard de sable
Dard arc-en-ciel
Dard à ventre jaune
Dard barré
Raseux-de-terre noir
Raseux-de-terre gris
Fouille-roche
Dard gris
Perchaude
Doré noir
Doré jaune

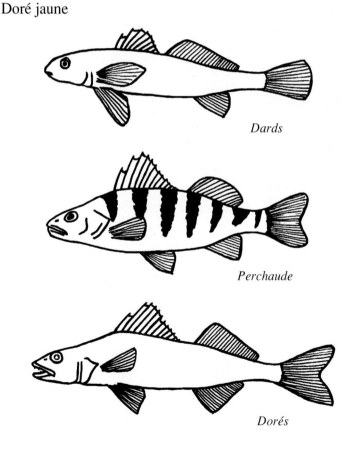

Dards

Perchaude

Dorés

Dard de sable

Ammocrypta pellucida
Sand Darter

Identification Le Dard de sable a le corps très allongé et presque cylindrique. C'est un petit poisson qui excède rarement 6 cm. Il se différencie de toutes les autres espèces par ses deux nageoires dorsales très distantes l'une de l'autre. Les écailles sont absentes sur la moitié inférieure des flancs. Sur chaque flanc, juste sous la ligne latérale, il porte une rangée de 9 à 15 taches ovales vert foncé qui sont caractéristiques à l'espèce. Le corps est très faiblement coloré et presque transparent.

Habitat Typiquement sur les fonds sablonneux des ruisseaux et des rivières à courant modéré mais aussi en lac.

Biologie Le Dard de sable passe la plupart du temps enfoui dans le sable avec seulement les yeux qui dépassent.

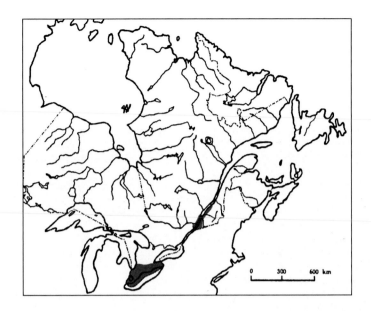

C'est un chasseur à l'affût qui se nourrit d'insectes aquatiques.

Commentaires   Cette espèce n'est pas commune dans nos eaux et rarement observée sauf en certains sites bien spécifiques. On ne connaît à peu près rien de sa biologie.

Dard arc-en-ciel

Etheostoma caeruleum
Rainbow Darter

Identification   Le Dard arc-en-ciel est de petite taille, ne mesurant généralement pas plus de 5 cm de longueur. Son corps est plus trapu que celui de tous les autres dards. Cependant, c'est sa coloration qui le distingue, car il est sans contredit le plus coloré de nos poissons d'eau douce. Le mâle adulte porte sur les flancs 9 à 14 bandes d'un bleu brillant, et les espaces entre elles sont jaunes ou orangés. Le reste du corps est abondamment coloré de vert, de bleu et d'orange. Les couleurs sont plus vives au printemps.

Habitat   Ruisseaux à fond de gravier ou rocheux, aux eaux claires, bien oxygénées et à courant rapide.

Biologie   Le frai a lieu au printemps en eau peu profonde sur des fonds rocheux. Les mâles, agressifs, combattent

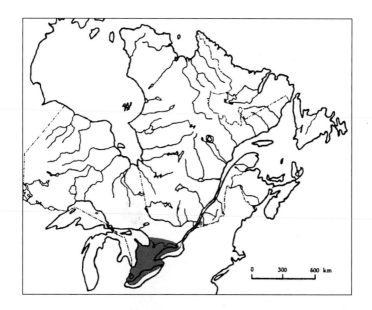

pour établir leur territoire dans lequel ils courtisent les fe-melles. Comme la plupart des dards, le Dard arc-en-ciel se nourrit surtout de larves d'insectes aquatiques.

Commentaires   Le Dard arc-en-ciel est malheureusement l'une des espèces les plus rares au Québec. Il est cependant très commun dans plusieurs cours d'eau du sud de l'On-tario.

Dard à ventre jaune

Dard d'herbe
Etheostoma exile
Iowa Darter

Identification   Le Dard à ventre jaune est un petit poisson au corps élancé qui mesure habituellement entre 5 et 6 cm. Les 2 nageoires dorsales sont bien séparées, ce qui le distingue de la plupart des autres espèces de dards qui habitent nos eaux. Le pédoncule caudal est particulièrement long. Les mâles sont brillamment colorés en saison de reproduction; les flancs sont alors marqués de bandes verticales bleu foncé intercalé d'orange, de jaune ou de rouge; la première nageoire dorsale est bleue à la base, orange au milieu puis bleue à l'extrémité, et les nageoires pectorales sont orangées.

Habitat   Préfère habituellement les eaux mortes et peu profondes des lacs ou des rivières, au fond vaseux ou sablonneux parsemé d'une faible végétation.

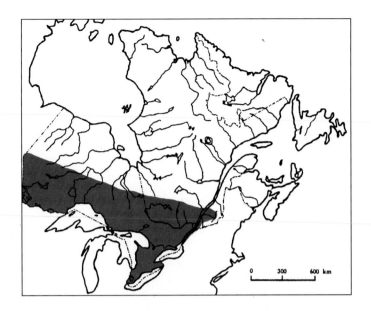

Biologie   Le frai a lieu en mai et juin. Les mâles établissent leur territoire et y attirent les femelles. Les oeufs sont généralement déposés sur les racines et les tiges des plantes aquatiques. Leur régime alimentaire est principalement composé de larves d'insectes qu'ils chassent sur le fond.

Commentaires   Le Dard à ventre jaune est parmi les espèces de dard les plus communes dans l'ouest de la province de Québec.

Dard barré

Etheostoma flabellare
Fantail Darter

Identification   Le Dard barré mesure généralement de 5 à 6 cm de longueur. Son pédoncule caudal épais lui donne une forme allongée et tubulaire qui le distingue des autres dards. De plus, sa bouche est nettement terminale et n'est pas surplombée par le museau. Les rayons de la première nageoire dorsale sont courts et de longueur égale. Le corps est brun et marqué sur les flancs de bandes foncées. La queue arrondie est striée de 5 à 6 bandes foncées.

Habitat   Ruisseaux à courant modéré et à fond rocheux.

Biologie   Le frai a lieu au printemps en eau peu profonde et sur des fonds rocheux. Le comportement reproducteur du Dard barré est remarquable. Le mâle creuse un espace sous une roche dont il nettoie la surface, et y attire une femelle.

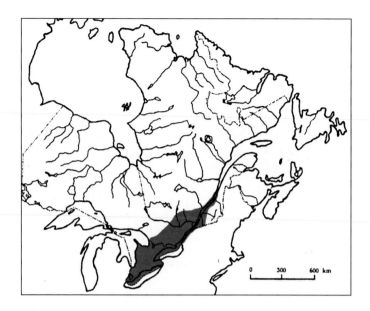

Une fois dans le nid, la femelle se retourne sur le dos et pond ses oeufs, un seul à la fois, sur le plafond. Le mâle la chasse ensuite et assure la garde de la progéniture. Les larves d'insectes composent presque entièrement le menu du Dard barré.

Raseux-de-terre noir

Etheostoma nigrum
Johnny Darter

Identification   Le corps du Raseux-de-terre noir est mince et allongé, et presque circulaire en coupe transversale. Il mesure entre 5 et 6 cm de longueur. Le museau est arrondi et surplombe la bouche. Le corps est pâle, généralement jaunâtre ou paille. On distingue facilement une série de taches foncées en forme de W ou de X sur les flancs. Les nageoires portent des rangées de marques foncées formant des bandes.

Habitat   Très variable mais de préférence en eaux mortes ou à courant faible; sur le fond de sable ou de vase des cours d'eau et de la zone littorale des lacs. Absent des zones herbeuses ou des fonds graveleux à courant rapide.

Biologie   Le frai a lieu au printemps, de mai à juin. Com-

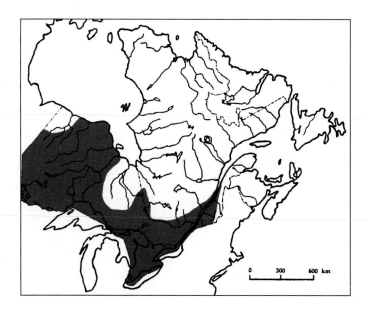

me chez le Dard barré, le mâle creuse son nid sous une roche dont il nettoie la surface. La femelle se tourne sur le dos pour pondre ses oeufs qui se fixent au plafond du nid. Le mâle assure la garde du nid. Le Raseux-de-terre noir a un régime alimentaire varié qui inclut petits crustacés, larves d'insectes et débris organiques de toutes sortes.

Commentaires   C'est le plus largement distribué et le plus abondant de tous nos dards. Il semble s'accomoder d'une plus grande variété d'habitats que les autres espèces et semble aussi moins sensible à la pollution. Par conséquent, c'est l'espèce de dard le plus susceptible d'être observée dans nos eaux.

Raseux-de-terre gris

Etheostoma olmstedi
Tessellated Darter

Identification   Le Raseux-de-terre gris est mince et allongé, et presque circulaire en coupe transversale. Il mesure entre 5 et 6 cm de longueur mais peut atteindre 9 cm. Le museau est arrondi et surplombe la bouche. On distingue facilement une série de taches foncées en forme de W ou de X sur les flancs. Les nageoires portent des rangées de marques foncées formant des bandes. Elles sont plus grandes que celles du Raseux-de-terre-noir. La coloration du corps varie de jaunâtre à paille-olive et elle est généralement plus foncée que chez le Raseux-de-terre noir. Les mâles deviennent très foncés au moment du frai.

Habitat   Très variable mais de préférence en eaux mortes ou à courant faible, sur le fond de sable ou de vase des cours d'eau et de la zone littorale des lacs.

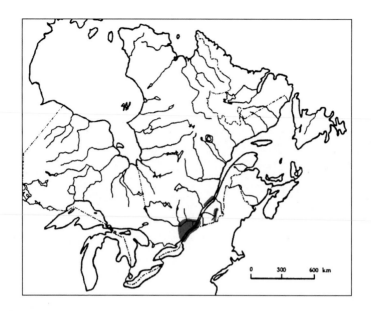

Biologie Le frai a lieu au printemps. Comme chez le Raseux-de-terre noir, le mâle creuse son nid sous une roche dont il nettoie la surface. La femelle se tourne sur le dos pour pondre ses oeufs qui se fixent au plafond du nid. Le mâle assure la garde du nid. Le Raseux-de-terre gris s'alimente principalement de petits crustacés, d'insectes aquatiques et d'algues.

Fouille-roche

Dard-perche, Fouille-roche zébré
Percina caprodes
Logperch

Identification Le Fouille-roche a le corps allongé et presque cylindrique. Il est le plus grand de nos dards et mesure en moyenne 9 cm de longueur mais peut atteindre les 20 cm. Son museau effilé surplombe la bouche. La première nageoire dorsale est longue et porte 14 ou 15 rayons épineux. La coloration générale varie de jaunâtre à olive et les flancs sont tigrés de nombreuses bandes foncées. La queue est ornée de rangées de bandes sombres et sa base est marquée d'un gros point noir.

Habitat Fonds graveleux et sablonneux des lacs et des grandes rivières. Aussi dans les zones de fort courant.

Biologie Le frai a lieu à l'été, en juin et juillet, en eau peu profonde sur des hauts-fonds sablonneux. Il ne construit

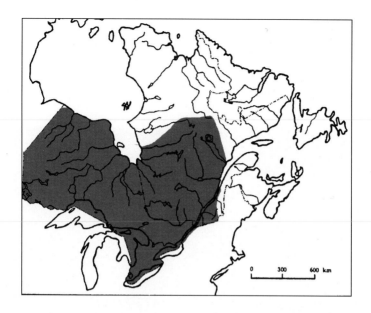

pas de nid et les oeufs sont abandonnés après la fécondation. Le Fouille-roche se nourrit d'insectes et de petits
crustacés qu'il débusque en retournant les pierres et autres
objets avec son museau.

Commentaires   Avec le Raseux-de-terre, le Fouille-roche
est le dard le plus abondant et le plus largement distribué
dans nos eaux.

Dard gris

Fouille-roche gris
Percina copelandi
Channel darter

Identification   Le Dard gris est de petite taille, mesurant habituellement 4 cm. Son corps est élancé et mince. La tête est petite et arrondie. La nageoire anale est aussi grande que la deuxième nageoire dorsale. Les deux nageoires dorsales sont très bien séparées. D'aspect général, il ressemble aux raseux-de-terre. Il s'en distingue par sa queue légèrement fourchue alors qu'elle est carrée chez les raseux-de-terre. De plus, la nageoire anale porte deux épines plutôt qu'une seule. Ses flancs ne sont pas marqués d'une série de taches en forme de W ou de X comme chez les raseux-de-terre, mais portent plutôt des points plus ou moins ronds, parfois réunis. Les taches sur les nageoires sont diffuses. Le dos est généralement jaune ou olive pâle tacheté de brun.

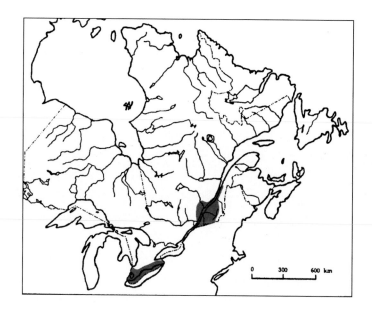

Habitat   Plages sablonneuses ou graveleuses des lacs ou des rivières à très faible courant.

Biologie   Le frai a lieu en mai et juin sur des fonds graveleux. Le mâle défend un territoire. Une même femelle peut frayer avec différents mâles. Le Dard gris s'alimente de larves d'insectes aquatiques, de débris et de matière végétales.

Commentaires   C'est une espèce peu commune et en général confondue avec les raseux-de-terre.

Perchaude

Perca flavescens
Yellow Perch

Identification   Le corps de la Perchaude est distinctement
plus haut qu'épais. Les individus capturés dans nos eaux
mesurent en moyenne entre 10 et 25 cm et pèsent de 50 à
200 g. Des spécimens plus gros sont parfois capturés. Les
mâchoires sont munies de nombreuses petites dents. La
nageoire anale est munie de deux épines. Le bout des opercules se termine en une pointe piquante. Les deux nageoires
dorsales sont très bien séparées. La coloration de la Perchaude suffit amplement à l'identifier. La coloration varie
du vert foncé au vert jaune et les flancs sont marqués de 7
larges bandes foncées se prolongeant jusqu'au ventre. La
membrane qui relie les épines de la nageoire dorsale est
souvent tachetée de noir à son extrémité postérieure. Les
nageoires pelviennes et anales sont ordinairement orange
brillant.

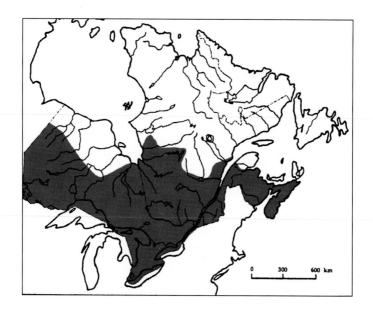

Habitat Endroits dégagés des grands lacs, étangs, rivières à faible courant, aux eaux claires parsemées de végétation aquatique. Incursions occasionnelles en eaux saumâtres.

Biologie Le frai de la Perchaude a lieu tôt au printemps, généralement de la mi-avril au début mai. Les adultes recherchent alors des eaux peu profondes, par exemple des zones d'inondation, pourvues de végétation, de racines ou de branches submergées. Les oeufs transparents sont d'un diamètre d'environ 3,5 mm une fois gonflés d'eau. Ils sont déposés en un très long ruban gélatineux qui se fixe à la végétation ou aux débris sur le fond. Le nombre d'oeufs pondus varie de 2,000 à 90,000 selon la taille de la femelle. Ils éclosent environ 10 jours après la ponte. L'âge moyen à la première reproduction est de 3 ans chez le mâle et de 4 chez la femelle. L'âge maximal atteint est d'environ 10 ans. La croissance est extrêmement variable et fortement influencée par le type d'habitat dans lequel elle vit. Chez certaines populations, la taille maximale n'excède pas plus de 15 cm. La température préférée de la Perchaude se situe entre 21 et 24°C. C'est un poisson grégaire qui se nourrit activement surtout au crépuscule. Son régime alimentaire varié inclut maints insectes aquatiques, autres invertébrés ainsi que plusieurs espèces de poissons. Elle est une proie favorite de plusieurs espèces prédatrices comme les achigans, les dorés, le Grand Brochet et le Maskinongé.

Commentaires   La Perchaude compte parmi nos plus importantes espèces de poissons, et ce pour nombre de raisons. Elle est très abondante et s'accommode d'une grande variété d'habitats. Elle constitue une proie de choix pour plusieurs espèces sportives, et fait elle-même l'objet d'une pêche sportive importante autant en été qu'en hiver. De plus, elle est largement exploitée commercialement dans le fleuve Saint-Laurent et les Grands-Lacs. À elles seules, les prises du lac Saint-Pierre au Québec excèdent quelques centaines de tonnes. Par contre, étant prolifique et s'adaptant facilement à diverses conditions, elle peut être une forte compétitrice d'espèces de grande valeur telles que la Truite mouchetée et causer des torts irréparables lorsqu'elle est introduite dans des plans d'eaux qu' elle n'avait jamais fréquentés. Le record de pêche sportive est un spécimen de 38 cm, pesant 1,9 kg, capturé au New Jersey en 1865.

Doré noir

Stizostedion canadense
Sauger

Identification Le corps du Doré noir est de forme plus allongée et plus cylindrique que celui du Doré jaune. Il atteint une taille inférieure à ce dernier, sa longueur moyenne variant entre 20 et 30 cm. Son poids est généralement inférieur à 0,5 kg. Ses yeux sont gros et la couche des pigments sensibles qui réfléchissent la lumière (*Topetum lucidum*) leur donnent un effet de miroir. Les joues sont recouvertes d'écailles rugueuses. La coloration du Doré noir le distingue du Doré jaune. Sa couleur de fond est terne et varie du gris au brun selon l'habitat. La première nageoire dorsale est ordinairement marquée de 2 ou 3 rangées distinctes de taches noires; 3 ou 4 grandes taches foncées s'étendent du dos aux flancs. Ces derniers sont de plus maculés de gros points noirs, et la nageoire caudale porte des rangées de barres foncées.

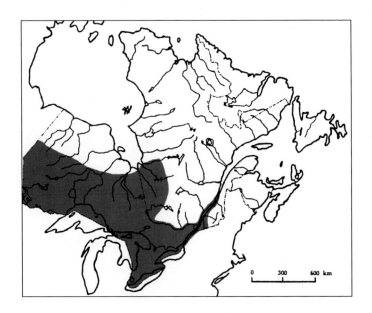

Habitat   Eaux troubles et peu profondes des lacs et des grandes rivières à faible courant. Incursions occasionnelles dans les eaux saumâtres du fleuve Saint-Laurent.

Biologie   Le frai a lieu au printemps, de mai à juin, généralement après celui du Doré jaune. Le Doré noir ne construit pas de nid. Les oeufs sont déposés en eau peu profonde, sur un fond de gravier, puis abandonnés par les parents. Le nombre d'oeufs pondus varie de 9 000 à 96 000 selon la taille de la femelle. La croissance est plus faible que celle du Doré jaune. Les mâles commencent à se reproduire entre 2 et 3 ans, et les femelles entre 4 et 6 ans. L'âge maximal est d'environ 12 ans. La pellicule sensible à la lumière de leurs yeux permet aux dorés de chasser à vue dans les eaux troubles et presque dans l'obscurité. Les adultes se nourrissent de plusieurs espèces de poissons tels que ménés, Perchaude et épinoches, mais aussi de sangsues, d'écrevisses et d'insectes.

Commentaires Le Doré noir est moins abondant et moins largement distribué dans nos eaux que le Doré jaune. Il est parfois capturé à la ligne mais il n'est pas considéré comme un poisson sportif populaire en raison de sa petite taille. Toutefois, on l'exploite commercialement dans certains plans d'eau de l'Ontario. Le record de pêche sportive est un spécimen de 3,96 kg, capturé dans l'état du Dakota du Nord en 1971.

Doré jaune

Doré, Doré blanc, Doré bleu
Stizostedion vitreum
Walleye

Identification   Le Doré jaune a une forme allongée. Il mesure entre 30 et 50 cm et pèse entre 0,5 et 1,5 kg, mais les individus de plus grande taille ne sont pas exceptionnels. Ses mâchoires sont munies de nombreuses dents aiguës. Ses yeux sont gros et plutôt opaques. La première nageoire dorsale porte de 12 à 16 épines longues et fortes, la nageoire anale en porte 2. Contrairement au Doré noir, le Doré jaune a des joues lisses et pratiquement dépourvues d'écailles, surtout chez les petits individus. Sa coloration peut être brun olive, jaune et même bleue selon l'habitat. Les écailles situées sur les flancs sont marquées de mouchetures dorées. Les nageoires dorsales portent des marbrures diffuses et la première nageoire dorsale porte de plus une grande tache noire à l'extrémité postérieure. L'extrémité du lobe inférieur de la queue porte une tache blanche.

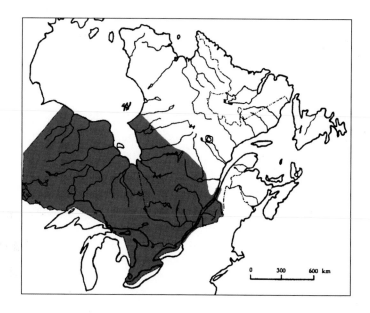

Habitat   Eaux peu profondes (moins de 15 m) des lacs et des grandes rivières. En rivière, il recherche fréquemment les bassins situés au pied de rapides et les zones de courant modéré. Le Doré jaune semble atteindre les plus fortes densités de population dans les grands lacs peu profonds et aux eaux turbides. C'est un poisson d'eau fraîche qui recherche préférablement une température entre 13 et 21°C.

Biologie   Le frai a lieu entre le début avril et la fin juin selon la latitude, peu après la fonte des glaces. Le Doré jaune peut frayer dans une grande variété d'habitats. Cependant, il semble préférer les fonds propres et graveleux situés en eaux courantes, peu profondes et bien oxygénées. Les populations vivant en lac peuvent aussi frayer sur les berges graveleuses de moins d'un mètre d'eau et exposées au vent. Le frai a lieu la nuit. La femelle est généralement accompagnée de plus d'un mâle. Les oeufs mettent 20 à 25 jours pour éclore. Au début, les très jeunes dorés fréquentent les couches d'eau supérieures mais, durant l'été, ils migrent progressivement vers les zones plus profondes.

La maturité sexuelle est atteinte entre 3 et 8 ans selon le milieu. Les Dorés jaunes, surtout les femelles, ont tendance à retourner à la même frayère. L'oeil du Doré jaune étant très sensible à la lumière, le degré de turbidité de l'eau affecte ses périodes d'activité. Il se nourrit généralement en eau peu profonde, au lever et à la tombée du jour et se déplace vers les eaux plus profondes ou vers des abris rocheux durant les heures de clarté. Cependant, dans les lacs et rivières suffisamment turbides, l'alimentation peut se prolonger toute la journée. Le Doré jaune est principalement un prédateur de poissons. Il est peu sélectif, s'accommodant d'une large variété d'espèces, selon leur disponibilité.

Commentaires Parmi les espèces d'eau douce du Canada, le Doré jaune est celui qui a la plus grande importance économique. Il est l'une des espèces sportives les plus recherchées dans toutes les régions accessibles dans son aire de distribution. De plus, il est l'objet d'une pêche commerciale majeure en Ontario. Jadis pratiquée dans plusieurs plans d'eau du Québec, sa capture commerciale est maintenant limitée à la section du fleuve Saint-Laurent située en aval de Trois-Rivières. Sensibles à la pollution par les pluies acides et autres déchets toxiques, plusieurs populations de Dorés jaunes ont sérieusement décliné au cours des dernières années. Le record de pêche sportive est un spécimen de 104 cm, pesant 11,34 kg, capturé dans l'état du Tennessee en 1960.

Le Malachigan - Famille des Scianidés

Cette famille regroupe des espèces généralement de grande taille, d'allure robuste, distribuées principalement dans les eaux peu profondes des mers tempérées et tropicales. Des 160 espèces existantes, une seule habite les eaux douces de l'Amérique du Nord. Les Scianidés ont un crâne fortement ossifié et sont pourvus de dents arrondies adaptées au broyage des coquilles de mollusques. Ces poissons sont aussi nommés Tambours du fait qu'ils émettent des sons en utilisant leur vessie natatoire comme une chambre de résonnance

Espèce présente au Québec : 1

Malachigan

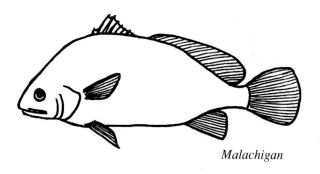

Malachigan

Malachigan

Achigan blanc
Aplodinotus grunniens
Freshwater Drum

Identification   Le Malachigan est un gros poisson au corps robuste comprimé latéralement, d'une longueur moyenne variant entre 45 et 50 cm et pesant de 1 à 2 kg. Les individus de plus de 4,5 kg ne sont cependant pas rares. La tête de forme triangulaire et un gros museau arrondi qui surplombe la bouche le différencient de toutes les autres espèces de nos eaux. De plus, sa queue est arrondie et il possède 2 nageoires dorsales, la première épineuse et la seconde à rayons mous, réunies par une petite membrane. La seconde épine de la nageoire anale est très développée. Il est d'une coloration générale argentée.

Habitat   Hauts-fonds vaseux et sablonneux des grandes nappes d'eau peu profondes, claires ou turbides.

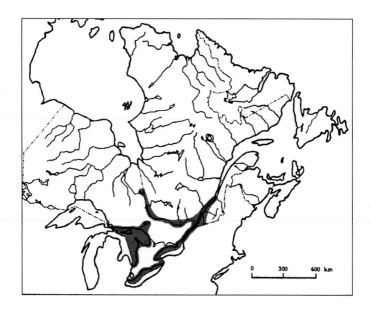

Biologie Le Malachigan fraie en été en eau peu profonde et tranquille à fond de sable ou de vase. Le nombre d'oeufs pondus varie, selon la taille des femelles, entre 43 000 et 508 000. C'est le seul poisson d'eau douce en Amérique du Nord à pondre des oeufs pélagiques, c'est-à-dire des oeufs flottant et dérivant à la surface. Il est adapté à une alimentation sur le fond et son régime alimentaire inclut insectes aquatiques, amphipodes, écrevisses, mollusques et poissons.

Commentaires Le Malachigan émet des bruits de tambour qui sont produits par l'action de sa vessie gazeuse et des muscles qui y sont attachés. Ses otolithes, énormes et d'un blanc immaculé, peuvent servir à la confection de bijoux originaux. Malgré sa forte taille, il demeure un poisson sous-estimé tant au point de vue commercial que sportif. Le record de taille est un poisson de 89 cm pesant 25,7 kg. Le record de pêche sportive est un spécimen de 24,7 kg, capturé au Tennessee en 1972.

GLOSSAIRE

Ammocète: Stade larvaire des lamproies.

Anadrome: Qui séjourne en mer mais revient en eau douce pour frayer, comme par exemple le Saumon atlantique et le Poulamon.

Benthique: Qui vit sur le fond ou près du fond de l'eau.

Branchiténies: Structures osseuses disposées en rangées sur le support des branchies et associées à l'alimentation.

Carène: Crête aigüe située sur la face ventrale, comme chez les aloses, ou de chaque côté du pédoncule caudal, comme chez les épinoches.

Cartilage: Tissu résistant et relativement élastique qui compose entre autres le squelette de certains poissons, par exemple celui des esturgeons.

Catadrome: Qui séjourne en eau douce mais retourne en mer pour frayer, par exemple les anguilles.

Circumpolaire: Qui est distribué tout autour d'un pôle terrestre, par exemple le Grand Brochet.

Civelle: Jeune anguille au moment où elle arrive en eau douce.

Crustacés: Groupe d'animaux auquel appartiennent les crevettes, les écrevisses et les puces d'eau (daphnées).

Cténoïde: En parlant d'écailles, dont le rebord exposé est dentelé, comme par exemple chez la Perchaude et les achigans.

Cuspide: Petite projection aigüe.

Cycloïde: En parlant d'écailles, dont le rebord est lisse, comme par exemple chez les Salmonidés.

Dulçaquicole: Qui vit en eau douce.

Fusiforme: Au corps effilé, d'aspect hydrodynamique.

Ganoïde: Désigne un type d'écailles robuste et primitif, comme chez les Lépisostés.

Hétérocerque: Se dit d'une nageoire caudale dont la partie supérieure est plus grande que la partie inférieure, comme chez les esturgeons.

Intertidal: Compris entre le niveau des marées basses et des marées hautes.

Leptocéphale: Larve de l'anguille, transparente et en forme de ruban.

Ligne latérale: Série de pores le long des flancs des poissons composant un organe sensoriel servant à détecter les sons et les variations de courant.

Maxillaire: Os situé de chaque côté de la mâchoire supérieure.

Mollusques: Groupe d'animaux auquel appatiennent les huîtres, les moules et les escargots.

Morphométrique: Qui se rapporte à la mesure des dimensions d'un organisme.

Nageoire dorsale: Nageoire située sur le dos.

Nageoire anale: Nageoire impaire située sur la surface ventrale, juste devant la nageoire caudale.

Nageoire caudale: Queue.

Nageoires pelviennes: Nageoires paires situées sous le corps du poisson et généralement derrière les nageoires pectorales.

Nageoires pectorales: Nageoires paires situées le plus près de la tête.

Opercule: Structure osseuse mobile recouvrant les branchies.

Otolithe: Petite structure calcaire de l'oreille interne servant à l'équilibration.

Pédoncule caudal: Partie plus étroite du corps des poissons comprise entre la nageoire anale et la queue.

Pélagique: Qui vit au large, en pleine eau.

Phytoplancton: Algues microscopiques.

Piscivore: Qui se nourrit de poissons.

Plancton: Ensemble des organismes microscopiques ou de petite taille vivant en suspension dans l'eau.

Planctophage: Qui se nourrit de plancton.

Procès axillaire: Petite projection allongée située à la base des nageoires pelviennes, comme chez les Salmonidés.

Protractile: Dont les mâchoires peuvent s'étirer rapidement vers l'avant, créant un effet de succion.

Sac vitellin: Sac de réserves nutritives dont sont munis les très jeunes poissons avant de commencer à se nourrir activement.

Saumâtre: Légèrement salée.

Thermocline: Couche d'eau intermédiaire dont la température diminue rapidement avec la profondeur.

Tidal: Relatif aux marées.

Turbide: Trouble.

Vessie natatoire: Sac de gaz à l'intérieur des poissons servant à contrôler la flottabilité. La vessie natatoire sert aussi à la respiration chez certains poissons, comme par exemple les Lépisostés.

Zooplancton: Animaux microscopiques ou de petite taille vivant en suspension dans l'eau.

RÉFÉRENCES BIBLIOGRAPHIQUES

Audubon Society. 1983. Field Guide to North American Fishes, Whales and Dolphins. Alfred A. Knopf, Inc. 848 p.

Beaulieu, H. 1985. Rapport sur la situation du Bar Rayé (*Morone saxatilis*). Faune et flore à protéger au Québec. Association des Biologistes du Québec. Publ. No 7. 53p.

Bergeron, J. F. et Brousseau, J. 1982. Guide des poissons d'eau douce du Québec. Ministère du Loisir, de la Chasse et de la Pêche. Direction générale de la faune. 240 p.

Bernatchez, L. 1985. Efficacité énergétique des comportements migratoires du Grand Corégone (*Coregonus clupeaformis*) et du Cisco de lac (*C. artedii*) anadromes de la rivière Eastmain, Baie James. Thèse de maîtrise. Université Laval. xiv + 90 p.

Bernatchez, L. 1986. Potentiel commercial et méthode de pêche du Grand Corégone et du Cisco de lac du Lac Kipawa (Témiscamingue). Rapport aux Meneurs en développement Laniel Inc., Laniel, Témiscamingue. 136 p.

Brousseau, J. et Leclerc, J. 1976. Clef d'identification des principaux poissons d'eau douce du Québec. Ministère du Loisir, de la Chasse et de la Pêche. Direction générale de la faune. 80 p.

Dubé, J., Brisebois, J. et Soyez, L. M. 1988. Évaluation biologique de la baie située au sud de l'île Sainte-Marie, Carignan, MRC la Vallée-du-Richelieu et Saint-Luc, MRC le Haut-Richelieu. Ministère du Loisir, de la Chasse et de la Pêche, Service de l'aménagement et de l'exploitation de la faune, Montréal. 85 p.

Dutil, J. -D. et Fortin, M. 1983. La communauté de poissons d'un marécage intertidal de l'estuaire du Saint-Laurent. Naturaliste can. (Rev. Écol. Syst.), 110: 397-410.

Dutil, J. -D., Besner, M. et McCormick, S. D. 1987. Osmoregulatory and ionoregulatory changes and associated mortalities during the transition of maturing american eels to a marine environment. American Fisheries Society Symposium 1: 175-190.

Dumont, P. 1977. Quelques aspects du cycle vital du Grand Corégone *Coregonus clupeaformis* (Mitchill) de quatre lacs du territoire de la Baie-James: les lacs Hélène, Nathalie, Yasinski et Alder. Thèse de maîtrise. Université du Québec à Montréal. Publié par la Société d'énergie de la Baie-James. 197 p.

Dumont, P. et Fortin, R. 1978. Quelques aspects de la biologie des Grands Corégones (*Coregonus clupeaformis*) des lacs Hélène et Nathalie, territoire de la Baie James. Can. J. Zool. 56: 1402-1411.

FitzGerald, G. J. 1983. The reproductive ecology and behaviour of three sympatric sticklebacks (*Gasterosteidae*) in a saltmarsh. Biology of Behaviour. 8:67-79.

Fort, A. 1986. Synthèse de la pêche commerciale en Abitibi-Témiscamingue. Ministère du Loisir, de la Chasse et de la Pêche, Direction régionale de l'Abitibi-Témiscamingue, Service de l'aménagement et de l'exploitation de la faune. 116 p.

Giroux, M., Kemp, A. et Dodson, J. J. 1988. Le Grand Corégone: étude du potentiel commercial sur les grandes nappes d'eau du Québec. Ministère du Loisir, de la Chasse et de la Pêche, Direction de la faune aquatique, Service des espèces d'eau fraîche. 74 p.

Giroux, M. 1990. Étude de la faisabilité d'implanter un système de limites de taille à la pêche sportive au Touladi (*Salvelinus namaycush*): - limites de taille: divers aspects - synthèse des travaux sur la croissance du touladi au Québec. Ministère du Loisir, de la Chasse et de la Pêche. Direction de la faune aquatique. Service des espèces d'eau fraîche. 25 p.

Gross, M. R. and Charnov, E. L. 1980. Alternative male life histories in Bluegill Sunfish. Proc. Natl. Acad. Sci. 77:6937-6940.

Hazel, P. P. et Fortin, R. 1986. Le Doré jaune (*Stizostedion vitreum* Mitchill) au Québec - biologie et gestion. Université du Québec à Montréal, pour le Ministère du Loisir, de la Chasse et de la Pêche du Québec. Direction de la faune aquatique, Service des espèces d'eau fraîche, Québec. Rapp. tech. 86-04. 417 p.

Hocutt, C. H. and Wiley, E. O. 1986. The Zoogeography of North American Freshwater Fishes. John Wiley & Sons, New York.

International Game Fish Association. 1990. World Record Game Fishes. 336 p.

Jean, Y. 1946. Two Northern Longnose Gars, *Lepisosteus osseus oxyurus* Rafinesque, caught in the estuary of the St. Lawrence, Québec. Copeia 3:200.

Johnson, L. 1980. The Arctic Charr, *Salvelinus alpinus*. pp 15-98. *In*. Charrs. Salmonid fishes of the genus *Salvelinus*. E. K. Balon. (ed.) Dr. W. Junk bv Publishers. The Hague. The Netherlands.

Kemp, A., Bernatchez, L. and Dodson, J.J. 1989. A revision of Coregonid fish distribution and abundance in eastern James-Hudson Bay. Env. Biol. Fish. 26: 247-255.

Lagacé, M., Blais, L. et Banville, D. 1983. Liste de la faune vertébrée du Québec. Gouvernement du Québec, Ministère du Loisir, de la Chasse et de la Pêche. 100 p.

Lambert, Y. et Dodson, J. J. 1982. Composition, distribution et abondance de l'ichthyofaune adulte de l'estuaire de la rivière Eastmain (Baie James). Programme de recherche sur l'estuaire de la rivière Eastmain (Baie James). GIROQ (Groupe Interuniversitaire de Recherches Océanographiques du Québec), rapport à la SEBJ (Société d'Energie de la Baie James), 88 p.

Lassus. C. 1967. Biologie du Corégone de lac (*Coregonus clupeaformis* Mitchill) du fleuve Saint-Laurent, dans la région de Québec. Département de sciences biologiques. Université de Montréal. 50 p.

Latour, N., Dubé, J., Gravel Y. et Pageau, G. 1980. L'alimentation de 18 espèces de poisson du fleuve Saint-Laurent. Gouvernement du Québec. Ministère du Loisir, de la Chasse et de la Pêche. Direction générale de la faune. 121 p.

Lee, D. S., Gilbert, G. R., Hocutt, C. H., Jenkins, R. E., McAllister, D. E. and Stauffer, J. R. Jr. Atlas of North American freshwater fishes. 1980. North Carolina State Museum of Natural History. Department of the Interior, U. S. Fish and Wildlife Service. 854 p.

Legendre, V. 1953. Les poissons d'eau douce de la Province de Québec: liste des espèces, groupes écologiques, historique, annotations. Province de Québec. Ministère de la chasse et des Pêcheries. Neuvième rapport de l'Office de Biologie: 190-295.

Legendre, V. 1954. Les poissons d'eau douce. Tome I. Clef des poissons de pêche sportive et commerciale de la Province de Québec. Ministère de la Chasse et des Pêcheries. Province de Québec. 84 p.

Legendre, V. 1960. Les poissons d'eau douce. Tome II. Clef des Cyprinidés ou ménés du Québec. Le Jeune Naturaliste. Joliette. No 9 et 10: 178-212.

Legendre, V., Mongeau, J. R., Leclerc, J. et Brisebois, J. 1980. Les Salmonidés des eaux de la plaine de Montréal. I. Historique, 1534-1977. Gouvernement du Québec. Ministère du Tourisme, de la Chasse et de la Pêche. Service de l'aménagement et de l'exploitation de la faune. Rapport technique No 06-27. 280 p.

LeJeune, R. 1987. Survol de la documentation relative à l'Omble de fontaine anadrome. Ministère du Loisir, de la Chasse et de la Pêche, Direction de la faune aquatique. 39 p.

Levesque, F. 1989. Dynamique sommaire de populations sympatriques d'Omble chevalier (*Salvelinus salvelinus*) et d'Omble de fontaine (*S. fontinalis*) cantonnées en eau douce dans deux lacs du parc de la Jacques-Cartier. Ministère du Loisir, de la Chasse et de la Pêche, Direction régionale de Québec et Direction de la gestion des espèces et des habitats, Québec. Rapp. tech. 64 p.

Magnan. P. Interactions between Brook Charr, *Salvelinus fontinalis*, and nonsalmonid species: ecological shift, morphological shift, and their impact on zooplancton communities. 1988. Can J. Fish. Aquat. Sci. 45: 999-1009.

Magnin, E. 1977. Écologie des eaux douces du territoire de la Baie James. Société d'énergie de la Baie James. 454 p.

Magnin, E. et Beaulieu, G. 1965. Biologie et écologie de la Barbue *Ictalurus punctatus* du St-Laurent. Le Naturaliste Canadien. XCII(12) 273-291.

Mailhot, Y., Scrostati, J. et Bourbeau, D. 1988. La population du Poulamon atlantique de La Pérade: bilan, état de la situation actuelle en 1988 et nouveaux aspects de l'écologie de l'espèce. Trois-Rivières, Service de l'aménagement et de l'exploitation de la faune. Rapp. interne, ix + 77 p.

Martin, N. V. and Oliver, C. H. 1980. The Lake Charr *Salvelinus namaycush.* pp. 205-277. In Charrs. Salmonid fishes of the genus *Salvelinus.* E. K. Balon (ed.) Dr. W. Junk bv Publishers. The Hague. The Netherlands.

Massé, G. et Mongeau, J. R. 1974. Répartition géographique des poissons, leur abondance relative et bathymétrie de la région du lac Saint-Pierre. Ministère du Tourisme, de la Chasse et de la Pêche. Service de l'aménagement de la faune. 59 p.

Massé, G., Fortin, R., Dumont, P. et Ferraris, J. 1988. Étude et aménagement de la frayère multispécifique de la rivière aux Pins et dynamique de la population de Grand Brochet, *Esox lucius* L. du fleuve Saint-Laurent, Boucherville, Québec. Ministère du Loisir, de la Chasse et de la pêche, Service de l'aménagement et de l'exploitation de la faune, Montréal, Rapp. tech. 06-40. xxvii + 224 p.

McAllister, D. E., Parker, B. J. and McKee, P. M. 1985. Rare, endangered and extinct fishes. Musée national des sciences naturelles, Musées nationaux du Canada, Ottawa, Syllogeus, 54: 192 pp.

Mélançon, C. 1958. Les poissons de nos eaux. La Société zoologique de Québec. 254 p.

Ministère du Loisir, de la Chasse et de la Pêche. 1989. La faune menacée au Québec. Gouvernement du Québec, Les publications du Québec. 66 p.

Mongeau, J. R. 1979. Les poissons du bassin de drainage de la rivière Yamaska, 1963 à 1975. Service de l'aménagement et de l'exploitation de la faune. Ministère du Tourisme, de la Chasse et de la Pêche. Montréal. 191 p.

Mongeau, J. R. 1979. Dossiers des poissons du bassin versant de la baie Missisquoi et de la rivière Richelieu, 1954 à 1977. Service de l'aménagement et de l'exploitation de la Faune. Ministère du Tourisme, de la Chasse et de la Pêche. Montréal. 251 p.

Mongeau, J. R. 1979. Recensement des poissons du lac Saint-François, comtés de Huntingdon et Vaudreuil-Soulanges, pêche commerciale, ensemencements de Maskinongés, 1963 à 1977. Service de l'aménagement et de l'exploitation de la faune. Ministère du Tourisme, de la Chasse et de la Pêche. Montréal. 125p.

Mongeau, J. R. 1985. L'exploitation commerciale des poissons-appâts (méné) dans la région de Montréal. Ministère du Loisir, de la Chasse et de la Pêche. Service de l'aménagement et de l'exploitation de la faune. Montréal. Rapp. tech. 06-87. 143 p.

Mongeau, J. R., Courtemanche, A., Massé, G. et Vincent, B. 1974. Cartes de répartition géographique des espèces de poissons du sud du Québec, d'après les inventaires icthyologiques effectués de 1963 à 1972. Service de l'aménagement et de l'exploitation de la faune. Ministère du Tourisme, de la Chasse et de la Pêche. Montréal. 92 p.

Mongeau, J. R., Dumont, P. et Cloutier, L. 1986. La biologie du Suceur cuivré, *Moxostoma hubbsi*, une espèce rare et endémique à la région de Montréal. Québec, Ministère du Loisir, de la Chasse et de la Pêche, Service de l'aménagement et de l'exploitation de la faune, Direction régionale de Montréal, Rapp. tech 06-39: 150 pp.

Mongeau, J. R., Dumont, P., Cloutier, L. et Clément, A. M. 1987. Le statut du Suceur cuivré, *Moxostoma hubbsi*, au Canada. Document préparé pour le comité sur le statut des espèces menacées de disparition au Canada (CSEMDC). Ministère du Loisir, de la Chasse et de la Pêche. 19 p.

Mongeau, J. R., Leclerc, J. et Brisebois, J. 1979. Les poissons du bassin de drainage de la rivière Châteauguay, leur milieu naturel, leur répartition géographique et leur abondance relative. Service de l'aménagement et de l'exploitation de la faune. Ministère du Tourisme, de la Chasse et de la pêche. Montréal. 105 p.

Mongeau, J. R. et Legendre, V. 1976. Les ressources fauniques du bassin inférieur de la rivière Saint-François: évolution des populations en dix ans. 1965-1974. Ministère du Tourisme, de la Chasse et de la Pêche. Rap. tech. Montréal. 126 p.

Mongeau, J. R. et Massé, G. 1976. Les poissons de la région de Montréal, la pêche sportive et commerciale, les ensemencements, les frayères, la contamination par le mercure et les PCB. Ministère du Tourisme, de la Chasse et de la Pêche. Service de l'aménagement de la faune. Montréal. 286 p.

Morin, P. -P., Dodson, J. J. and Doré, F. Y. 1989. Cardiac responses to a natural odorant as evidence of a sensitive period for olfactory imprinting in young Atlantic Salmon, *Salmo salar*. Can. J. Fish. Aquat. Sci. 46:122-130

Morin, R., and Dodson, J. J. 1986. The ecology of fishes in James Bay, Hudson Bay and Hudson strait. pp. 293-325. In. Canadian Inland Seas. I. P. Martini (ed.). Elsevier Publisher.

Morin, R., Dodson, J. J. and Power, G. 1980. Estuarine fish communities of the eastern James-Hudson Bay coast. Env. Biol. Fish. 5: 135-141.

Moyle, P. B., and Cech, J. J., Jr. 1988. Fishes. An introduction to Ichthyology. Prentice-Hall, Inc. Englewood Cliffs, New Jersey. 559 p.

Muus, B. J., et Dahlström, P. 1981. Guide des poissons d'eau douce et pêche. Delachaux et Niestlé S. A., Neuchâtel, Suisse. 242 p.

Paine, M. D., Dodson, J. J. and Power, G. 1982. Habitat and food resource partioning among four species of Darters (Percidae: *Etheostoma*) in a southern Ontario stream. Can. J. Zool. 60: 1635-1641.

Pluritec Ltée. 1982. Historique de la pêche commerciale en eaux douces depuis 1950. Pluritec Ltée, pour le Ministère du Loisir, de la Chasse et de la Pêche, Direction de la faune aquatique, Québec. 250 p.

Power, G. 1980. The Brook Charr, *Salvelinus fontinalis*. pp. 141-203. *In* Charrs. Salmonid fishes of the genus *Salvelinus*. E. K. Balon. (ed.). Dr. W. Junk bv Publishers. The Hague. The Netherlands.

Robitaille, J. A. et Mailhot, Y. 1989a. Dynamique et statut des populations de poissons du Saint-Laurent: état des connaissances. Ministère du Loisir, de la Chasse et de la Pêche du Québec. Direction de la gestion des espèces et des habitats et Direction régionale Mauricie, Bois-Francs. Rapp. tech. 51 p.

Robitaille, J. A. et Mailhot, Y. 1989. Répertoire bibliographique des poissons d'eau douce et diadromes du Saint Laurent, 1900-1987.

Ministère du Loisir, de la Chasse et de la Pêche du Québec. Direction de la gestion des espèces et des habitats et Direction régionale Mauricie, Bois-Francs. Rapp. tech. 51 p.

Robitaille, J. A., Pomerleau, C. et Paulhus, P. J. 1987. Analyse sommaire des captures de la pêcherie expérimentale de l'Aquarium du Québec, de 1971 à 1986. Ministère du Loisir, de la Chasse et de la Pêche. Direction de la faune aquatique et Direction régionale de Québec. Rapp. tech. 87-02. vi + 54 p.

Robitaille, J. A. et Vigneault, Y. 1990 . L'Éperlan arc-en-ciel (*Osmerus mordax*) anadrome de l'estuaire du SaintLaurent: Synthèse des connaissances et problématique de la restauration des habitats dans la rivière Boyer. Rapp. manus. can. sci. halieut. aquat. no 2057: vi + 56 p.

Robitaille, J. A., Vigneault, Y., Shooner, G., Pomerleau, C. et Mailhot, Y. 1988. Modifications physiques de l'habitat du poisson dans le Saint-Laurent de 1945 à 1984 et effets sur les pêches commerciales. Rapp. tech. can. sci. halieut. aquat. 1608: v + 45 p.

Scarola, J. F. 1973. Freshwater fishes of New Hampshire. New Hampshire Fish and Game Department. Division of Inland and Marine Fisheries. 131 p.

Scott, W. B., and Scott, M. G. 1988. Atlantic fishes of Canada. Can. Bull. Fish. Aquat. Sci. 219: 731 p.

Scott, W. B. et Crossman, E. J. 1974. Les poissons d'eau douce du Canada. Ministère de l'environnement. Ottawa. Bulletin 184. 1026 p.

Smith, G. R. et Stearley, R. F. 1989. The classification and scientific names of Rainbow and Cutthroat Trouts. Fisheries. 14: 4-10.

Tardif, F. 1984. Rapport sur la situation de l'Esturgeon noir au Québec. Faune et flore à protéger au Québec. Association des Biologistes du Québec. Publ. No 6. 27p.

Therrien, J., Axelsen, F., Johnson, G. et Collin, P. Y. 1988. La population exploitée de l'Esturgeon noir au Québec. Ministère du Loisir, de la Chasse et de la Pêche du Québec et ministère de l'Agriculture, des Pêcheries et de l'Alimentation du Québec, Québec. 55 p.

Trautman, M. B. 1981. The fishes of Ohio with illustrated keys. Ohio State University Press, Columbus, Ohio. 782 pp.

Vallières, L. et Fortin, R. 1988. Le Grand brochet (*Esox lucius*) au Québec: biologie et gestion. Université du Québec à Montréal, pour le Ministère du Loisir, de la Chasse et de la Pêche du Québec. Direction de la gestion des espèces et des habitats, Québec. 298 p.

Winn, H. E. 1958. Comparative reproductive behavior and ecology of fourteen species of Darters (*Pisces-Percidae*). Ecological Monographs. 28(2): 155-191.

INDEX